大樂文化

持續操作
價、值、股

100張圖表解析巴菲特、蒙格的「可口可樂選股法」，讓你穩穩賺50年的快樂生活

十點◎著

大樂文化

CONTENTS

序章

洞悉價值與價格的關係，
才是股市最後贏家　*017*

第1章

為何要做價值投資？
因為公司價值是獲利關鍵　*033*

第 2 章

如何挑選價值股？
學巴菲特和蒙格持續這樣做　*057*

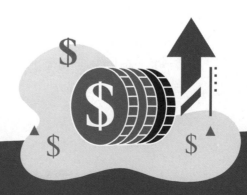

CONTENTS

推薦序1

用理性賺到可持續的獲利，
讓日子過得舒心美好

十點的朋友｜芒叔

　　我很喜歡十點的文字，原因之一是我自己寫不出來。十點的寫作主題常常是有感而發、信手拈來，用字遣詞很平易近人，他能迅速跳到讀者的視角，給人一種話家常的親切感。這樣的文字，十點寫得愜意，讀者看著歡喜。

　　十點多年筆耕不輟，靠的就是一個「誠」字。那些勸人不要沉溺於短線炒股的警語、讓人避開理財陷阱的吶喊、教人長期投資的諍言，都是他利他心理驅動下的勸誡。即便他的文字有一些主觀導向，有一些遠景望望，又有何不妥呢？在弱肉強食的股市裡，能夠躬身入局，為弱勢群體振臂高呼的人，實在太少了。

　　呈現在大家面前的這本書，是十點多年分享內容的精華，也是他在股票投資方面持續學習、反覆試驗的縮影。理念上以「投資理財都是為了美好生活」為核心本質；方法上從「如何遠離虧損」到「怎樣賺取高確定性的錢」，再到「追求長期複利」；工具上從基金聊到價值股，從定期定額聊到長期持有。

　　在討論投資實例與暢聊經驗心得之下，是十點對生活智慧和人生意義的思考。書中的見解和建議，不僅希望將部分「非理性」的投資者推向「理性」，還希望進一步將他們從「理性」再推向「非理性」。

　　前一個「非理性」是指貪婪、恐懼等本能反應，讓大多數人不適合做投資，因此我們一定要克服這些本能。後一個「非理性」是指用「理

性」賺到穩定持續的收益之後，一定要活得任性一點，去改善生活，不要過分算計。畢竟，財富最大化並非目的，生活過得美好舒心才是最終目標。

在這個方面，十點堪稱楷模，他對美好生活的分享，催生出美好的關係和事業，包括在一片電商紅海中開拓「闖貨」購物平台。闖貨在商業之外、利益之上的構想，讓人心馳神往，它的願景是讓所有關係方，從客戶、員工到供應商，都過上美好生活。

十點像巴菲特一樣，跳著踢踏舞做著世界上最有趣的工作，並堅信最好的故事依然在明天。感謝十點兄的分享，我受益匪淺，希望你們也一樣。

推薦序2

股海中的燈塔，
指引一條價值投資的坦途

十點的粉絲｜雷敏功

　　十點邀請我為他的新書寫序。對於投資，我是門外漢，怎堪此任？但被他的誠意感動，卻之不恭，只好從命。

　　2022 年 2 月 25 日，A 股市場迎來歷史性時刻，中國證券登記結算有限公司發布消息，稱 A 股的開戶數量已達 2 億。這是一個天文數字，據悉雖然有近半數股民重複開戶，但真正在股市交易的投資者仍有大約 8 千萬人。

　　每個股民都懷著美好的憧憬踏入股市，希望透過投資增加收入，跑贏通貨膨脹，甚至實現財務自由。然而，「七虧二平一盈」的股市定律，導致 70％的股民常年虧損。

　　股市如汪洋，看似平靜的海面下暗流洶湧，充斥種種算計。這片海洋經常會出現颱風，導致狂風暴雨、滔天巨浪，驟然吞沒股民辛苦積攢的血汗錢，讓人只能扼腕痛惜，望洋興嘆。

　　我就曾是這批 70％虧損大軍當中的一員，俗稱「散戶」，又名「韭菜」。

　　2011 年，我自學一些 K 線知識，初涉股市。因為對投資一竅不通，我主要透過看評論、聽消息及追熱點來炒股。在我眼中，所有的股票只是不同的代碼而已，至於哪些是垃圾公司、哪些有投資價值，我懵然不懂。

　　股票總愛與我玩躲貓貓，我剛買進，它就跌跌不休，直到我受不了

煎熬賣出停損，它就開始往上漲。經過 2015 年上半年的大牛市，我好不容易賺回過去虧損的本金。但是，接踵而來的史詩級大崩盤，從千股跌停、停牌，到國家出手救市後的千股漲停，再到 2016 年初觸發熔斷機制的千股再跌停，讓我虧損累累，心灰意冷。

茫茫股海，雲譎波詭，我苦苦尋覓，希望有高明的老師為我指點迷津。

改變發生在 2018 年的春天。朋友推薦給我一篇十點的文章，內容有關價值股分析。我閱讀後欲罷不能，文章從 10 個方面對一檔股票詳加分析，內容有理有據，令人信服。

從那以後，我密切關注十點的微信公眾號。他陸續分析 A 股多家優質公司，這些文章讓我茅塞頓開：投資就是沙裡淘金，要尋找實力雄厚、有寬闊護城河，且十年、百年不倒閉的公司並長期持有。價值投資才是股市的正道，而追漲殺跌、跟風盯盤及炒概念股的投機取巧，結局必然是虧損，還會損害投資者的健康和家庭和睦。

十點的公眾號名為「拾個點」，固定在週一至週五每天上午 10 點更新文章，主題大多是傳授基金定期定額投資、價值投資之道，偶爾也談論創業和生活。作者苦口婆心、不厭其煩地告誡粉絲，如何遠離虧損，怎樣才能賺錢，真誠之心令人感動。

2018 年，A 股市場持續下跌，最優質公司也跌到買得起、值得買的價位。我選了幾檔十點推薦的價值股，堅定地持有，而且它們跌得越多，我買的數量越多。在年底進行盤點時，雖然帳面仍是虧損，但這幾檔價值股的成績竟然跑贏上證指數、深證成指及創業板指數，證券公司的經理稱讚我「打敗 80％的投資者」。我打從心底感激十點，是他無私的幫助，引導無數韭菜走上價值投資的坦途。

在茫茫股海，十點如同一座燈塔。當股市行情大好時，他會一再發出警告，讓大家規避行業泡沫即將破裂的巨大風險。當瘟疫、戰爭這些可怕黑天鵝來襲，股市哀鴻遍野、資金踩踏出逃時，他會挺身而出，向

粉絲大聲疾呼：「雙倍或四倍定期定額投資指數基金！」

　　果然，在每次非理性的持續暴跌後，市場必然迎來大反彈。因此，十君贏得眾多粉絲的信任。

　　與許多堆砌術語、故作高深的財經寫手迥異，他的文章深入淺出、循循善誘，通俗易懂的語句蘊含深刻的投資理念和人生道理，如同他本人一樣真誠而樸實。

　　現在，集結十點多年心血的書籍正式出版，我深信必定有更多讀者能從中受益。

前言

學會持續操作價值股，
你可以快樂生活一輩子

近 10 年我閱讀很多好書，感謝前人撰寫這些作品，讓後人得到豐富的智慧。在股票投資和企業經營方面，我確實是前人智慧的受益者。

在投資上，這些好書讓我脫離短線交易的泥淖，轉而擁抱價值投資，不但賺到更多、更穩定的獲利，還經歷更幸福的投資體驗。以前我做短線交易時，心情總是被當天股價波動所左右，而現在我買進自己理解的好公司，「不管風吹浪打，勝似閒庭信步」，這種感覺真的很美妙。

此外，價值投資還讓我獲得其他的好處。因為不用每天盯盤與復盤，我擁有大量的閱讀時間，起初也許只是為了提高投資報酬而看書，但慢慢地，我發現自己的思維廣度和深度都飛躍地提升。

近 3 年，我應用從書中學到的知識，從零開始打造出一個有 300 多位工作者、年銷售額近 10 億元的新型電商平台「闖貨」，而且它每年持續成長。因此，闖貨的誕生與發展都是基於前人的智慧。

✚ 前人的智慧，是你我成功的助力

在《聰明投資者 10 年賺 10 倍持續操作價值股》出版之際，我要特別感謝幾位作者和他們的作品賦予我智慧。

第一，感謝詹姆・柯林斯（Jim Collins）及其著作《基業長青》，這本書讓我們擁有非凡的企業文化。

第二，感謝稻盛和夫及其著作《稻盛和夫的實踐阿米巴經營》，讓我們具有出色的財務管理和獨特的成本核算機制。正因為採用阿米巴經營模式，我管理 300 多人的團隊和每年數億元的採購金額，卻沒有被煩瑣的簽字與審批所淹沒。從年頭到年尾，我沒有簽過一個字，公司帳務體系依然井然有序。

第三，感謝里德·海斯汀（Reed Hastings）及其著作《零規則》，讓我們建構坦誠的企業核心價值觀，形成高效又快樂的企業文化。同時，此書提出的人才密度理念，幫助我們凝聚許多優秀同事。

第四，感謝黃鐵鷹及其作《海底撈你學不會》，讓我們學會如何做服務，讓闔貨擁有優質的服務理念。也要感謝張勇董事長的無私分享，讓我們學到海底撈的精髓。

這些好書真真切切地幫助我，若沒有它們，我一定沒有今日的成就。基於對前人智慧的感激與傳承，我決定把多年學習的內容整理成書，雖然不是多麼高深的智慧，但確實是適合普通人改變現狀的好建議。**我自己從一個身無分文的農村孩子，成長為擁有數百人團隊的管理者，就是依靠我在書中和盤托出的好建議。**

✛現在的努力，都是為將來架橋鋪路

我的父母都是文盲，家裡一窮二白，我靠著降分考取一所普通的專科學校（因為報考人數少，招生不足才降分）。我這樣一個普通人的命運能扭轉，印證了人只要有理想，經過長時間不斷學習與努力，理想都會實現。

馬雲說：「我能成功，中國 80％的人都會成功。」這句話套用在我身上，可以再誇張一點：「我能成功，中國 99％的人都會成功。」

除了上述的 4 本書之外，我的新書也歸功於出版社編輯的辛勤付出，只有出過書才能體會這些幕後英雄的重要性。由於本書的內容都是

我過去即興發揮，寫在微信公眾號「拾個點」的文章，表達比較口語，可能還有錯別字，標點符號也不是很精準。修正文稿的工作量非常巨大，感謝出版社編輯逐字逐句修改，本書才得以正式出版。

同時，我感謝妻子十點嫂，她擁有非凡的胸懷，每到關鍵時刻總會給我最好的建議。可以說沒有她就沒有今天的我，借此機會，我再次表達我對她的感激之情。

而且，我還要感謝父母，雖然他們一字不識，卻賦予我最寶貴的品格——誠實。在撰寫公眾號的文章時，有些人為了吸引流量而各顯神通，拾個點靠著誠實的風格，贏得幾十萬名忠實粉絲。

如果你喜歡這本書的內容和風格，歡迎來拾個點找我，我依然堅持週一到週五每天更新一篇 2 千字的文章，這件事我已經堅持了 7 年。講到這裡，我不得不感謝高中語文老師，他從高一就要求全班同學每天寫一篇作文，而高中 3 年間，全班只有我一個人堅持下來。這再次印證：今天的努力都是為將來的成就架橋鋪路。

希望我的書也能成為構築你未來成就的墊腳石！

序　章

洞悉價值與價格的關係，
才是股市最後贏家

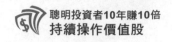

0-1
短線博弈 vs. 長期複利，選對方式讓你賺得更久更多

50 多年前，華爾街有個叱吒風雲的人物，就是大名鼎鼎的蔡至勇，又稱為傑拉德・蔡（Gerald Tsai Jr.）。巔峰時期，蔡至勇在華爾街的影響力一點也不輸今日的巴菲特，而巴菲特在當時還是一個小角色。1965年，蔡至勇管理的基金規模是 10 億美元，巴菲特管理的資金總額只有 3,700 萬美元。

業績方面，巴菲特也遠不如蔡至勇。在 1958 年至 1965 年，將近 8 年的時間裡，蔡至勇的富達資本基金（Fidelity Capital Fund）始終保持高速增長，沒有一年虧損，而且幫投資人賺了 27 倍，令人瞠目結舌。相較之下，巴菲特在同一時期的累積報酬率為 251%，雖然大幅超過道瓊指數的增長，但是遠遠不如蔡至勇的業績。

因此，當時只要提到「蔡至勇」3 個字，基金就可以大賣。華爾街著名基金經理人彼得・林區（Peter Lynch）在《征服股海》書中講過一件事：

❝ 連我的母親，一個只有少量積蓄的寡婦，也被這波基金狂熱影響，在一個兼職推銷基金的老師勸說下，購買富達資本基金。讓她感興趣的

是，這檔基金由一位華人管理，她相信東方人的頭腦非常聰明，這位華人就是傑拉德・蔡。他和管理富達趨勢基金的愛德華・強森三世（Edward Johnson III），並稱為那個時代基金經理人當中的絕代雙驕**”**

蔡至勇在 1929 年出生於上海，父親是福特汽車公司的上海地區經理，母親是上海證券交易所的交易員。蔡至勇走向華爾街，顯然是受到母親的影響，而且在鏖戰華爾街的風雲歲月裡，母親也始終是他堅強的後盾。

然而，這樣一位炙手可熱的人物，在晚年時竟為了一個訂婚戒指，與 55 歲的未婚妻打官司，而且官司還沒打完，他就在 2008 年 7 月 9 日去世，享年 79 歲。蔡至勇出生於 1929 年的經濟大蕭條期間，離世於 2008 年的金融海嘯時期，似乎一生註定跌宕起伏。

2008 年，巴菲特的個人資產已經高達 400 億美元，而且還在急速膨脹。他們兩人之間究竟有什麼差別，使得一個健康長壽，資產節節攀高；另一個卻相對早逝，資產也未見增長。其實，他們的區別不是出身，也不是原始資本，更不是運氣，而是選擇不同的路——巴菲特選擇長期價值投資，蔡至勇選擇短線投機。

✛長期投資 vs. 短線投機

蔡至勇是一個成功的投機家。在 1959 年、1960 年、1961 年，他的基金報酬率都超過 50％，同期的道瓊指數漲幅分別為 20％、–6.2％、22.4％，而巴菲特同期的投資績效是 25.9％、22.8％、45.9％，遠遠落後蔡至勇。

1962 年，蔡至勇的基金出現虧損，但他持續買進、重倉抄底，成功在年底延續超過 50％的報酬率。從 1963 年至 1965 年，蔡至勇繼續延續神話，很快就晉身華爾街傳奇人物，成為廣泛傳頌的「來自東方的

金融魔術師」。只要蔡至勇染指的股票，立刻能受到追捧。「傑拉德‧蔡正在買進……」，讓華爾街的老人想起「傑西‧李佛摩（Jesse Livermore）正在買進……」，這種瘋狂和號召力，即便在當今的 A 股市場也無人能比。

1965 年，蔡至勇眼看無法接班掌舵富達資本公司，便賣掉股權，離開富達資本基金。憑藉在華爾街的名氣，他成立自己的曼哈頓基金（Manhattan Fund），並於 1966 年 2 月 15 日正式運行，首期一下子就募到 2.47 億美元，加上每年收取 0.5％的管理費，等於年收超過 120 萬美元。1966 年的 120 萬美元是一筆鉅款，相當於現在的 1,000 萬美元。

資金如潮水般湧入曼哈頓基金，到了 1968 年，其總資產高達 5 億美元，但是績效失去往日風采。1968 年虧損 6.9％，1969 年虧損 36.8％，1970 年虧損 28.8％，到了 1974 年，基金的整體虧損超過 70％，相當於在 1966 年投資 100 萬美元到曼哈頓基金，8 年後只剩下 30 萬美元。

在同期的 1966 年至 1974 年，巴菲特的業績全是正收益，無一年虧損，分別為 20.4％、35.9％、58.8％、6.8％、12％、16.4％、21.7％、4.7％、5.5％。（巴菲特在 1969 年解散合夥事業公司〔Buffett Partnership〕，全心投入波克夏‧海瑟威公司〔Berkshire Hathaway〕的經營，他之後的業績也由波克夏‧海瑟威公司的業績替代）。如果你在 1966 年投資 100 萬美元到巴菲特的基金，8 年後會擁有多少資產呢？答案見表 A。

將同樣的 100 萬美元投資兩個風格迥異的基金，8 年後，默默無聞的巴菲特把 100 萬美元變成 486 萬美元，而明星基金經理人蔡至勇卻把 100 萬美元變成 30 萬美元，兩者相差 16 倍之多。難怪 50 年後，巴菲特與蔡至勇的個人資產會相差數百倍、數千倍。

蔡至勇早年的業績是靠短線博弈做出來的，快進快出、追逐熱點，幸運遇到美股 10 年大牛市，因此賺得幾年高報酬。同樣是做基金，蔡至勇始終是在「投機」，而且每次都能如願，也算是一種奇蹟。他為客

表A 投資巴菲特麾下基金的收益情況（1966～1974年）

年份	1966	1967	1968	1969	1970
報酬率	20.40%	35.90%	58.80%	6.80%	12%
資產規模	1,204,000	1,636,236	2,598,343	2,775,030	3,108,034
年份	1971	1972	1973	1974	
報酬率	16.40%	21.70%	4.70%	5.50%	
資產規模	3,617,751	4,402,803	4,609,735	4,863,270	

資產規模單位：美元

戶買進的股票，45 檔當中有半數以上虧損大於 90％，這與散戶買概念股是一樣的。而且，他把自己的曼哈頓基金打包賣給一家保險公司，成功套現賺到 2,700 萬美元，那是 1973 年，蔡至勇當時 44 歲。

小一歲的巴菲特在 1969 年解散合夥事業時，個人資產達到 2,650 萬美元，身價已經追上蔡至勇，但是他們有一個本質上的區別：巴菲特是靠幫客戶賺錢獲利，蔡至勇則是靠出售客戶的信任獲利。幾十年後，他們之間的差距越拉越大，雖然蔡至勇的起點很高，卻被巴菲特的「長期複利」所打敗。

✚人品成就了股神

1969 年，巴菲特準備解散合夥事業，當時該基金的總資產大約 1 億美元，包括現金 5,600 萬美元和 3 檔標出合理估值的股票。他將可供選擇的方案全部列出，讓基金持有人優先選擇拿回全現金、全股票或兩者均分，最後剩下的才由巴菲特擁有。

雖然巴菲特希望持有人選擇現金，但他坦誠地告訴大家：「我的個人看法是，多元零售企業和波克夏・海瑟威的股票內在價值，在未來幾

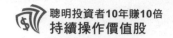

年會大幅增長，我認為這兩類股票都可以長期持有。」

巴菲特說的是真心話，如果在當年選擇波克夏·海瑟威的股票，到2020年差不多上漲一萬倍，股價由38美元漲到35萬美元。對於當時選擇拿回現金的人，巴菲特提供專業的理財建議，並介紹可靠的合夥基金，可說是負責到底。

這讓我想起，之前有一位廣州的客戶，想把700萬元（注：本書未特別標示之幣值皆為人民幣）全部投資芒叔的基金。芒叔不是不敢接下這筆資金，而是站在客戶的角度推薦其他頂尖私募基金，希望客戶能合理配置資產，同時客觀做比較，確定自己最堅定的投資選擇，才能更安心地賺到能力範圍內的錢。

另外，有一個客戶把家裡的房產、存款、理財狀況等全部提供給芒叔，芒叔幫他做出整體資產的合理配置方案。芒叔說，這是他為客戶提供的服務之一，不只是管理客戶委託給他的資金。

因為巴菲特如此珍惜客戶的信任，所以才有波克夏·海瑟威的輝煌，才有今天的股神巴菲特，他「神」的不僅是賺錢能力，更是人品。

路選對了，少受折騰，也能活得更久。截至2020年為止，只比巴菲特大一歲的蔡至勇已經離世12年，而在這12年當中，巴菲特又賺了500億美元。

投資是長跑，最後拚的是壽命。當然，過程中的快樂也很重要。價值投資同時具備過程快樂和結局美好，還不值得你堅持去做嗎？

十 點 來 解 答

文武：

　　我看好的一檔股票跌得很厲害，十點覺得這是機會，還是公司內部有什麼大雷要爆？

十點：

　　股票跌的時候，投資者總是有各種懷疑，漲的時候，總是有各種理由買進。其實，心裡沒底就是沒有能力賺這個錢，應該老實做定期定額投資。如果做定期定額也心裡沒底，就乾脆離開股市。靠運氣賺的錢，遲早都會還回去，而且過程很痛苦，一點也不划算。

>>

晴天：

　　十點老師，我最近認識一個朋友，讓我跟他投資股票，說是用凱利公式計算買賣點。我不信任這些，但是想知道什麼是凱利公式？

十點：

　　你等他自己發財了再動手也不遲，好好工作，努力賺踏實的錢！

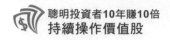

0-2

面對股海波濤，「第二層次思維」是占得先機的利器

一個人想在投資上取得成功，最需要具備什麼特質？

是專業的金融知識嗎？不是，金融專業科班出身的人，投資績效不見得比較好，而且很多知名投資者都是半路出家，可見所學專業與投資績效基本上不太相關。

比如說，巴菲特的合夥人查理・蒙格（Charles Munger）畢業於哈佛法學院，原本是一名律師。中國著名基金經理人但斌，大學是體育相關專業，原本在河南開封的一家化肥廠當維修工，陰差陽錯才走上投資的道路。中國股神林園是臨床醫學專業，畢業後幾經輾轉，在深圳博物館找到一份工作，與股票投資毫無關聯。

是很高的智商嗎？也不是，很多智商高的人在投資中遭遇失敗。長期資本管理公司（Long-Term Capital Management）是由一群數學家、電腦專家，以及兩名諾貝爾經濟學獎得主管理的對沖基金，擁有極為聰明的人才和複雜的演算法模型。但是，它在 1998 年的債券投資中慘敗，幾週內就損失 20 多億美元，瞬間倒閉。

近代物理學之父牛頓非常聰明，投資績效卻很糟糕。他在 1720 年買進當時最熱門的南海公司，股票一路上漲，他覺得已經漲得很高，於

是清倉離場，淨賺 7,000 英鎊，報酬率達 100％。但是，南海公司股票繼續暴漲，一個月後，牛頓被市場情緒感染，以高出許多的價格買回股票，結果南海泡沫破滅，他反而倒賠 2 萬英鎊。從此以後，牛頓不准任何人再在他面前提起「南海」二字。

其實，想在投資上取得成功，個人應該具備的特質只有兩個：性格和思維方式。我們在前文談過品格，接下來談思維。

✛第二層次思維助你逆向投資

投資成功的標準之一是戰勝市場。股市裡的聰明人太多了，想要戰勝市場，就得比這些聰明人做得更好，因此你要擁有一種與眾不同的思維方式。

霍華・馬克斯（Howard Marks）在《投資最重要的事》中，把這種思維方式稱作「第二層次思維」。他認為，第一層次思維簡單膚淺，只是尋找簡單的準則和答案，人人都能做到，因此大部分的人看法相同。第二層次思維深邃、複雜又迂迴，能認識投資的複雜性，與大部分的人看法不同。

這不難理解，如果你的觀點與絕大多數人相同，就無法戰勝市場，因為多數人的全體就是市場本身。當大家都意識到某檔股票值得投資，而紛紛買進，它的價格自然會被推高，不再值得投資。所以，想要領先眾多競爭者，必須依靠正確又非共識的分析。簡單來說，第二層次思維是一種與眾不同且更好的思維，也可說是一種逆向投資的思維。

舉例來說，看到一家優秀公司，第一層次思維的人會想：「這是一家好公司，我們應該買它的股票。」第二層次思維的人則想：「這是一家好公司，但人人都看好，因此它的價格過高，不值得投資。」又例如，看到經濟數據低迷，第一層次思維的人會想：「成長乏力，經濟遇冷，前景不佳，趕緊清倉。」第二層次思維的人則想：「前景糟糕透頂，身

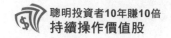

邊所有人都在恐慌拋售，此時應該買進。」

由此可見，第一層次思維的人只對事物的聯繫做簡單推理，看到利多消息就認為會上漲，於是買進；遇到利空消息就覺得會下跌，於是賣出。

第二層次思維的人除了看到事物的表面聯繫，還會考慮多方因素，包括：「未來可能出現的結果有哪些？我認為會出現什麼結果？人們的共識是什麼？我的預期與人們的共識有多大差異？價格反映的市場共識是過於樂觀，或過於悲觀？如果大眾的看法正確，股價會怎麼變化？如果我的觀點正確，股價又會怎麼變化？」

就像下棋一樣，普通人下棋只能預想一兩步，高手則會往後推演十幾步，提前想好可能遇到的情況，以及應對的方法。

著名的逆向投資大師約翰·坦伯頓（John Templeton）從小受父親影響，逐漸養成第二層次思維。他的家在小鎮廣場旁邊，從二樓窗戶可以看到當地的法院。1920 年代末，恰逢經濟大蕭條，很多農場主因為投資失敗而被迫拍賣農場。每次法院拍賣農場時，坦伯頓的父親會在二樓密切關注，如果沒有出價者，就會趕緊下樓到廣場出價，於是總能以極為低廉的價格買到農場。

那些參與拍賣的人只看到農場的位置不好、土地貧瘠，因此不願意出價。坦伯頓的父親卻看到，雖然農場的條件不是很好，但如果自己是唯一出價者，就能以超乎想像的低價買到農場，同樣能大賺一筆。

類似於農場乏人問津的情況，在股市也一再上演，後來坦伯頓採用與父親一樣的逆向投資理念，取得巨大成功。人們經常問他：「什麼時候前景最樂觀？」柏坦頓總是說：「這個問題問錯了，應該問什麼時候前景最黯淡？」言下之意就是，當大家都覺得前景黯淡時，才是真正的機會。

以貴州茅台為例，該股在 2012 年、2013 年遭遇一系列利空事件，很多投資者因而紛紛拋售，使股價從 150 元跌到 70 多元。然而，但斌

認為利空只會造成短期影響，貴州茅台有很寬的護城河，只要中國的酒文化不改變，該股就有持續增長的動力。市場恐慌帶來「撿便宜」的機會，但斌不僅沒有賣出貴州茅台，反而越跌越買。看看現在貴州茅台超過千元的股價，可見他當時的逆向決策有多麼明智。

再來看股市因為疫情而恐慌暴跌的例子。2020 年年初，很多人在過年休市期間發現疫情越來越嚴重，又看到港股、美股等市場暴跌，再加上財經媒體、投資大咖對恐慌情緒的渲染，自然而然得出「A 股將陷入長期低迷」的結論。

這時候，如果利用第二層次思維，更深一層考慮，就會得出不一樣的結論。與歷史相比，當時 A 股在整體上原本就被低估，雖然疫情在短期內對很多企業造成大幅影響，但長期來看，並不會影響真正優秀的企業。疫情過去之後，茅台酒照樣會供不應求，招商銀行的服務會一樣好，至於實力不強、財務不穩的企業在疫情中被淘汰，對龍頭企業來說反而是利多。

再看總體經濟，很多人覺得疫情會使中國經濟雪上加霜，從而拖累股市。疫情確實在 2020 年上半年大幅影響中國經濟，不過在這個情況下，國家一定會祭出更寬鬆的財政和貨幣政策，刺激經濟發展，而帶來利多。所以，這次股市的恐慌性暴跌不僅不是壞事，反而是繼續加倉或上車的機會，應該果斷進場買股。

也有相反的案例，經常看到上市公司公布利多，但是股價不漲反跌，俗稱「見光死」。這是因為利多消息還沒公布時，已經在市場上醞釀一段時間，早就反映在前期股價的大幅上漲。等到利多消息公布，如果影響力剛好達到預期或低於預期，股價就缺乏進一步上漲的動力。此時，前期的獲利盤會借機離場，你如果只用第一層次思維思考，看到利多便不假思索地買進，就會變成「接盤俠」（注：意指買進莊家出貨的股票）。

要注意的是，千萬不要為了逆向投資而逆向。第二層次思維不只是

與大眾的投資方向相反,而是一種與眾不同且更好的思維,只強調與眾不同是失之偏頗的。你必須確保自己在投資時,不僅想法與大眾相反,而且分析邏輯站得住腳。你要知道大眾的看法錯在哪裡、市場是不是有過度反應的情緒,才能提高分析的準確率,有助於克服從眾心理,堅持自己的觀點。

現實中,大多數人都不具備第二層次思維,甚至不知道有這種思維方式,因此具備第二層次思維的人在市場中更具優勢。如果你能率先了解這一點,有意識地訓練自己用這種方式思考,就能在市場的眾多競爭者當中占得先機,獲得超額報酬。

關於對第二層次思維的深入解釋,以及如何正確理解價值與價格的關係,做出正確的投資決策,可以在《投資最重要的事》中找到答案。重點是,無論怎樣做判斷,都不能只看一段短時間。短時間的準確率波動很大,長時間只要大部分準確,就有參考價值。

✛了解黑天鵝效應

在投資市場,不能謀求 100% 的準確率,哪怕是價值投資也可能會踩雷。我們要做的不是追求完美的估值和風控,而是備妥因應案,確保萬一出現黑天鵝事件,也不會毀滅,甚至能從中受益。

《黑天鵝效應》是投資者必讀的書籍之一,作者是納西姆・尼可拉斯・塔雷伯（Nassim Nicholas Taleb）。我常常告誡粉絲,要優先保證本金的安全,避免追漲殺跌或利用槓桿進行高風險投資,因為那些機會表面上看似誘人、報酬率很高,一旦遭遇黑天鵝事件,出現泡沫破滅、形勢逆轉,就會使投資者血本無歸。

黑天鵝事件是指罕見、很難事先預料,但會造成極大衝擊的事件。其典故是在 17 世紀之前,歐洲人只見過白色天鵝,於是認為天底下所有的天鵝都是白色,直到後來在澳洲發現黑色天鵝,徹底顛覆認知。

　　歷史上曾發生很多影響深遠的黑天鵝事件，例如：第二次世界大戰、911 恐怖攻擊、英國脫歐等。在投資領域也有很多，例如：1997 年的東南亞金融危機、2008 年的次貸危機等，都帶給投資者巨額虧損。

　　正因為黑天鵝事件很難預測，又會帶來災難性後果，所以我們必須認識其背後機制，知道如何應對，盡可能降低風險。推薦大家閱讀塔雷伯的著作《反脆弱》，其中的方法不僅可以用在投資上，也能廣泛應用在生活中。

　　我建議大家投向價值投資的懷抱，把用來盯盤的大量時間放到工作和生活上，讓工作越做越好，生活越來越豐富。以前的你很努力，但是方向錯了，所以努力了 10 年甚至 20 年還是虧錢。現在的你把盯盤的時間用於讀書、工作、做美食、養花等，透過大量閱讀，你會發現自己的能力圈越來越大，思考越來越深。透過好好體驗生活，你會更理解公司的商業模式，因為所有的商業活動都是為生活服務。

　　讓自己和家人享受生活，因為人生不只有股票。這就像創業，如果創業者天天盯著錢，他一定不會成功，即使僥倖成功，也不會快樂。投資者每天緊盯股價，只會既痛苦又賺不到錢。距離市場太近，功利心太強，往往會讓人失去理智，而對手盤就是利用這種失去理智的心理，來操作賺錢。

十 點 來 解 答

森林之王：

　　本來想按照十點老師對大盤的判斷，來買股指期貨，結果運氣不好，出現幾次失誤，不過我相信這是暫時的。我看過《反脆弱》，它寫得很好，值得投資者閱讀。

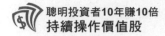
十點：

　　股指期貨的風險太大，一般是用於機構對沖風險，別試圖靠單邊做股指期貨賺錢，機率與中樂透差不多。

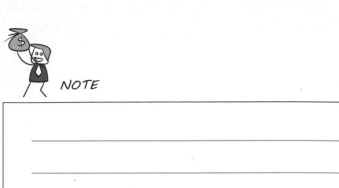

NOTE / / /

第 **1** 章

為何要做價值投資？
因為公司價值是獲利關鍵

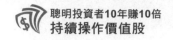

1-1

以划算價格買進好公司股票，不會虧損和被套牢

　　很多朋友炒股多年，不知道自己為什麼一直虧錢。以下用一些實際案例和資料，來分析散戶虧錢的原因，希望讓大家慢慢轉變投資理念，轉向價值投資。

　　先給大家看一張圖（見圖 1-1）。這是中國石油 14 年的年線走勢圖，而且還是除權息前的走勢圖，也就是說，即使把歷年的配息都算進去，中國石油的走勢還是江河日下，從 2007 年上市的 45.86 元到 2021 年的 4.04 元，整整下跌將近 90%。

　　中國石油是亞洲最賺錢的石油公司，但若你在 2007 年剛上市時買進 10 萬元股票，長期持有 14 年後，你會得到負收益 90%，也就是只剩下 1 萬元，再加上通貨膨脹，幾乎血本無歸，是一次非常悲劇的投資。

　　公司沒倒閉，而且經營得很好，究竟是什麼原因導致如此悲慘的結局？答案很簡單：買得太貴了。由此可見，如果買得太貴，即使買進好公司也不能算是價值投資。

　　我們再看圖 1-2 的港股年線圖。2001 年中國石油在香港上市時，正逢那斯達克重挫，全球股市哀鴻遍野，港股也不例外。儘管中國石油以 1.1 港元的價格便宜上市，但是在上市兩年後，股價還是徘徊在 2 港元

圖1-1　中國石油14年的年線走勢圖（2007～2021年）

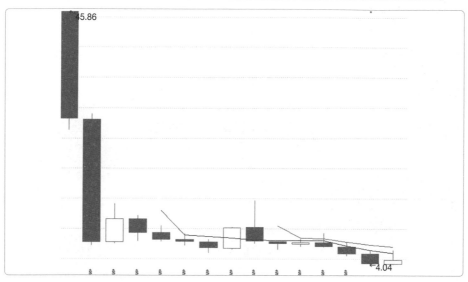

圖1-2　中國石油的港股年線圖

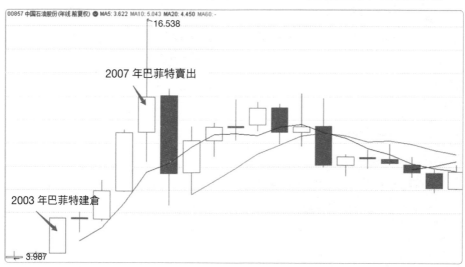

以下。直到 2003 年香港發生 SARS 疫情，香港股市雪上加霜，中國石油的股價也跌到谷底。

當時，巴菲特遠在美國的小城奧馬哈，驚喜地發現這些資料。從發現到決定大幅買進中國石油，巴菲特未曾到訪中國，更未曾見過中國石油的高階主管，只憑著公司的公開資料便決定買進。

✛巴菲特獨具慧眼，買進中國石油

2003 年 4 月 9 日～24 日的 15 天內，巴菲特以每股低於 1.7 港元，買進 8.5 億股中國石油 H 股，之後又持續加倉，到當年 4 月底為止大約買了 23.5 億股，占中國石油總股本的 1.33%。

能夠如此大規模買進，得益於當時多數投資者看衰中國石油的前景，拚命拋售這檔「燙手山芋」。芒叔在 2020 年買港股新城悅服務，也是一樣的道理。當時新城地產的董事長出事，整個市場都在大量拋售與新城地產相關的股票。當交易對手在犯錯時，就是你賺錢的機會，短短幾個月後，新城悅服務的股價翻倍，證明芒叔的判斷正確。

巴菲特在 2007 年 7 月至 10 月期間，以 11～15 港元連續賣出中國石油，用 4.8 億美元的本金，賺進 40 多億美元獲利，稅前投資報酬超過 35 億美元，不包括紅利的總投資報酬率為 7.3 倍，年化報酬率約為 52.6%，同期恒生指數的兩種報酬率分別為 2.7 倍和 22.2%。

另外，在這 5 年之中，波克夏・海瑟威共收到中國石油的稅後紅利約 2.4 億美元。2007 年 11 月 1 日，中國石油 H 股創出 20.25 港元的最高價，之後就一路下跌。

同樣的股票，巴菲特 4 年賺 7 倍，散戶 14 年虧 90%，原因總結如下。

巴菲特在 2003 年買進中國石油時的資料：

1. 股價淨值比（PBR）為 0.9 倍

2. 股東權益報酬率（ROE）為 24%

3. 本益比（PER）為 4 倍

4. 市值 370 億美元

5.2003 年國際原油價格為 25 美元／桶

散戶在 2007 年買進中國石油時的資料：

1. 股價淨值比為 3.5 倍

2. 股東權益報酬率為 8%

3. 本益比為 17 倍

4. 市值近 10,000 億美元（當時蘋果公司市值 470 億美元）

5.2007 年國際原油價格為 86 美元／桶

　　對比以上資料，可以清楚看出為什麼一方大賺，一方大虧。這些資料都是公開的，每個人看得到。希望這個例子對大家有所啟發，如果能真正認識公司本身的價值，知道花多少錢買才值得，散戶就不會在 2007 年中國石油上市時進場，也不會被深套 14 年，財富還縮水 90%。

　　在資本市場，機會要靠等待，而不是抓著每一天的交易，如果你抓錯了，不但 14 年白做工，甚至還要倒貼錢！

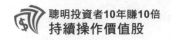
1-2

不須頻繁操作，既可節省手續費，又能贏過90%的人

　　看完中國石油的案例，再回顧自己進入股市後的操作，有沒有發現10次當中可能有9次是錯誤的。如果再給你一次機會，你肯定寧可不操作，甚至很多人寧願從未踏進股市。

　　這就是本書要傳遞的重點，長期持股的人比頻繁操作的人賺得多，如果能做到幾年只操作一次，90%的人不會虧錢。

　　巴菲特講過一個比喻：假設你人生中的機會，是一部只能用20次的打洞機，每打一個洞就少一次機會，當20個洞全部打完，一輩子就沒機會了。這樣一來，你每一次決定打洞時，一定會慎重再慎重，絕不會亂打。

✚減少操作，謹慎把握每次投資機會

　　同樣的道理，如果股市規定每個人一生只能做20次交易，你絕對不會輕易操作。然而，股市不會這樣規定，券商反而鼓勵你多多交易，這樣他們才能多賺手續費，所以千萬不要把辛辛苦苦賺來的錢，都拿去貢獻給券商。

當然，減少操作的主要原因還是在於：我們無法判斷股票的短期走勢，但是長期走勢卻不難懂。本益比、股價淨值比這些簡單的指標人人都會看，如果貴州茅台跌到 20 倍本益比，大家都知道很便宜。其次是看 K 線圖的月線、年線，跟過去的價格做比較，只要買在相對便宜的點位，並長期持有，未來一定會賺錢。甚至有很多好公司，在歷史上任何時候買進，只要持有 3～5 年都會賺錢。

有些人可能會舉一些暴雷下市的極端案例，但我想說的是，喝水也有可能會嗆死人，難道就不喝水了嗎？

其實，要避開這些問題公司並不困難，只要看歷史資料，若公司在 10～20 年內穩定經營、利潤豐厚，一般來說，投資者被坑的機率在 1% 以下。做短線成功的機率是 1/1000，現在變成 99%，你說哪一個比較可靠？

選擇白馬股（注：即長期績優、高成長、低風險的股票），5 年後倒閉的機率極低。至於歷史業績不穩定的公司，普通人很難判斷後市，因為不懂生意，或只是一知半解，無法理解透徹，導致市場一有波動就馬上賣出停損。

3 年前，為了幫助粉絲提高投資效率、降低踩雷風險，我從 10 個方面分析價值股，挑出白馬股中的好公司。很遺憾地，我們踩到一個雷，就是財務造假的「康美藥業」，這確實是我的能力不足。

這使我自我反省，雖然踩雷的機率不到 3%（30 多檔股票中選錯了一檔），但踩到了就是 100%，有些粉絲虧錢了，我心裡也難受。因此，我後來極力推薦大家投資永遠不會踩雷的指數基金，只要在相對低位買進，或者長期定期定額，就只剩下賺多賺少的問題。

我也發現，多數普通人即使在這幾年，買到有幾倍漲幅的價值股，他的總帳戶也未必有指數基金賺得多，畢竟價值股需要花費精力去參與交易和分析。所以我得出結論：99%的人只適合買指數基金，而且普通人不適合一次買進，只適合定期定額投資，不用擇時，無論市場漲跌，

每個月發完薪水就買，然後長期持有。

為什麼不一次買進？因為當市場真正處於買點時，股市很蕭條，表面看起來風險很大，再加上認知不足，很多人會退縮，或者只買一點點，等到漲起來又去追買，賺了一點又很快拋掉，於是最後賺不到大錢。

只有放棄擇時，採取定期不定額的投入，才是最好的價值投資方法。這幾年，在 2019 年、2020 年股市處於低位時，我提醒大家雙倍、四倍定期定額投資；當 2021 年市場過熱時，我又提醒一次性投入較多的人要分批賣出。這樣一來，大家可以少花精力，安心持有，靠時間和毅力儲蓄，適當增值，降低預期，讓自己的心態變好，錢也不少賺，生活變得更開心、更充滿希望。

總結來說，你只要少操作，甚至不操作，就已贏過 90％ 的人，如果能再選一個好公司或好指數，你就是人生贏家。

十 點 來 解 答

玩物上志：

其實，99％的人不適合做股票。

十點：

你說得沒錯，很多人連買價值股都不適合，即使操作價值股也跑不贏指數，而且還要花費大量精力。如果這些人隨便買概念股，更是一定虧錢。99％的人只適合定期定額投資指數基金。把這些話聽進去，股市就不會再讓你虧錢。

>>>

張曉川：

　　老師，有一筆 5～10 年不會動用的錢，想問一下股票或基金，有什麼風險低、不用操作的投資方向？

十點：

　　有投資 5～10 年的準備，選擇就非常多了，建議以基金為主，而且要買廣基型指數基金（注：廣基型指數是指，採取的樣本包含某市場或行業的所有股票，例如：台股的加權指數、美股的那斯達克指數）。要分批買，像定期定額一樣。

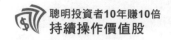
1-3

不用耗費精力做短線交易，我的年化報酬率達40%

曾有粉絲到我的自媒體後台留言：「某某股票（價值股）日線空、週線空、月線空、季線空、年線空。」對此我再次強調，價值投資者不要看任何技術分析，這些內容只會造成誤導，沒有正面作用。

更何況，真正的短線高手並不靠技術分析工具賺錢，KDJ、MACD等貌似很厲害、很專業的指標，大多是唬人的把戲，因為都是事後看有道理，是真正的事後諸葛。

我也曾做過10多年短線，身邊更不乏短線高手，像是從1萬元做到5千萬元的W，從5萬元做到5億元的H，都是與我關係很緊密的朋友。我很清楚他們的賺錢手法，H還曾經手把手教過我。我坐在他身邊操作3個月，結果他賺錢，我虧錢，因為短線真的需要天賦和盤感，並不是靠方法，成功機率非常低。

✚短線交易要靠盤感，錢不好賺

真正的短線高手是靠逆向思維，看透交易背後的人性。比如說，H的短線交易模型（見圖1-3）核心是：大家都覺得很危險的時候，就是

圖1-3　H 的買賣點

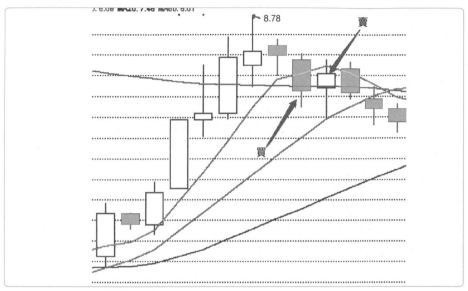

最安全的時刻。

　　圖 1-3 中，股價暴漲後出現陰線，大多數人開始害怕。這時，H 會在第二根陰線附近分批買進，然後在股票開始上漲時分批賣出。一次操作只賺一點點，稍有貪婪和害怕就會虧損，這需要交易者打從骨子裡具有反人性思維。如果為了賣高一分錢，而孜孜不倦地委託、撤銷，早就虧慘了。

　　我從未看到 H 用 MACD 之類的指標，他都是隨機應變，全憑盤感操作，所以我坐在他旁邊也跟不上。有時候他叫我賣出，股價已經下來，於是他賺錢，我虧錢。事實上，H 的方法現在已經失效，他這幾年也虧損得很厲害，因為市場環境變了。

　　我自認盤感還不錯，而且身邊有短線高手指導，但是十多年來，做短線交易只能勉強跑贏指數，遇到大熊市照樣虧錢，重點是做得非常累，要投入非常多的時間和精力。直到我遇見芒叔，了解真正的價值投

資，才發現那就是我想要的投資模式和生活。

我跟著 H 時，發覺他每天賺幾百萬元也不是很快樂，碰到大盤下跌時還非常鬱悶。這幾年我做價值投資，不但快樂輕鬆多賺錢，還有許多閒暇時間，把花園打理得很好，公眾號文章也寫得更多，更可以每天回覆粉絲的留言。

藉由寫作「拾個點」公眾號，我在這幾年幫助許多迷失的散戶朋友，走上正確的投資道路，使他們的工作、生活和家庭都徹底轉變。我自己也有很多改變，包括用兩年多的時間，打造出全新的購物平台「闖貨」，擁有 200～300 人的團隊，解決數十萬粉絲的購物需求，幫大家提升生活品質，也節約精力和金錢。

同時，十點的價值投資從千萬元成長到幾億元的規模，年化報酬率超過 40%。我們最早的核心員工，5 年前有人還處在賣車還債的窘境，在多年的正確理財觀指引下，2020 年有些員工的投資報酬超過百萬元，這是他們 5 年前完全想不到的事情。

有人說：「用價值投資賺錢太慢」，這是因為不了解而產生的錯覺。很多人想要每天都賺錢，想要低買高賣賺足每個銅板，更有人不屑一年 20% 的報酬率，狂妄地說：「一年賺兩個漲停板太簡單，我一週就能完成。」這就是無知的害處。有多少人在股市辛苦 10～20 年仍然虧錢？大部分散戶都是這樣。

有些人會說，2020 年的市場行情好，不可能不賺錢，因此並非價值投資的功勞。然而，在 2006～2007 年百年一見的大牛市，大盤整體翻了 6 倍，很多個股的漲幅在 10 倍以上，但大部分的散戶仍然虧損。在 2020 年的行情下，如果你買的是垃圾股，或是炒短線，會虧損得非常厲害。有大型券商統計，2020 年有 65% 的散戶虧損。

還沒覺醒的朋友真的要好好反思，短線炒股賺不到錢，唯有進行價值投資，長期持有好公司的股票才能賺錢，而且人人都能學會。我經常收到留言：「相信價值投資，轉變投資理念後，我真正在股市中賺錢

了。」

　　不要死盯著一檔股票每天、每時、每刻的價格跳動，那毫無意義。請大家把時間和精力花在本業工作上，並努力學習，提升自己的認知能力，成果將會令你驚喜。

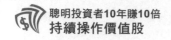
1-4

不必盯盤、鑽研技術分析，
長期持有好股就有超額報酬

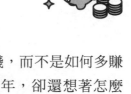

對於還在虧錢的人來說，根本問題是如何不虧錢，而不是如何多賺錢。如果一個人正在虧損，甚至已經虧了 5 年、10 年，卻還想著怎麼多賺錢，就像是孩子還不會走路，卻要他天天練習賽跑一樣，是不可能實現的。

說得不客氣一點，虧損的人沒有資格談論怎麼多賺錢，更沒有資格談論怎麼跑贏通貨膨脹。你只有面對現實，降低期望，才能做符合實際的事，最終才會賺到更多錢。先學會走路再努力跑，會跑得更快！

那麼該怎麼做呢？

普通人除了定期定額投資（外加在市場極為便宜的時候多投入），如果還想要做價值投資，就要選一個好公司，然後長期持有，不要試圖高賣低買。長期來看，高賣低買只會讓你少賺，不會多賺，而且大部分的人結果是低賣高買，還弄丟好公司的股票，白費精力。

舉例來說，萬科 A 過去一年的股價很折騰，不停上上下下（見圖1-4）。從事後來看，很多人會覺得如果高賣低買，每一波都有 20% 的報酬率，總共有 6 波，按複利算可以賺到將近 300%。相較之下，如果長期持有一年，最後只能賺到 20% 的獲利，比前者少賺將近 280 個百

圖1-4　萬科Ａ日線圖（2020～2021年）

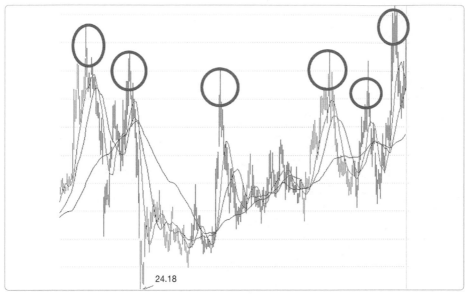

24.18

分點。

　　問題是，這個結論是事後看才知道。極少數個股會如此規律地反覆，事先沒人能預料，而且，如果你在漲到前期高點時賣出，想等之後下跌再從低位接回，但事實是股價很可能會繼續漲上去。

✚高賣低買、頻繁交易，長期不會多賺

　　把力氣用在高賣低買、頻繁交易，即使前面幾次成功了，但只要最後一次賣錯，長期來看就不會多賺，而且心情還會每天跟著 K 線上上下下，生活品質極低。

　　我們無法預知股價的走向，也無須去預測，只要堅信現在被低估，就可以買進持有，因為它遲早會漲上來。但是，誰也不知道什麼時候會

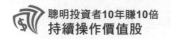

圖1-5 東方雨虹日線圖

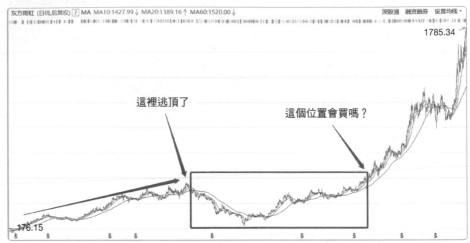

上漲，你要做的唯有耐心等待，不要花很多精力去研究趨勢、技術面分析。

下面來看東方雨虹的例子，見圖 1-5。假設你很厲害，從 2016 年 2 月持有東方雨虹到 2018 年 3 月，兩年賺到 200％的獲利之後，敏銳地發現它可能要跌，於是成功逃頂（見圖 1-6）。

另一方面，我認為自己沒有預測的能力，所以沒有賣，繼續持有到 2021 年 2 月。從 2018 年 3 月到 2018 年 10 月，短短 7 個月內，我承受東方雨虹 55％的下跌（見圖 1-7），似乎損失慘重。但是，我堅定認為東方雨虹是好公司，所以持續抱著。到了 2021 年 2 月，我的的總報酬是 787％（見第 50 頁圖 1-8）。

你在 2018 年 3 月成功逃頂賣出後，拿這筆錢去買了其他股票，很可能沒能持續好運氣，折騰了兩年，雖然也賺到一些獲利，但遠遠沒有我賺得多。這就是長線交易者與短線交易者的差別，更關鍵的是，在這兩年當中，我有大量的時間發展事業、陪伴家人，家庭、事業、賺錢三

圖1-6　東方雨虹漲跌幅（2016年2月18日～2018年3月16日）

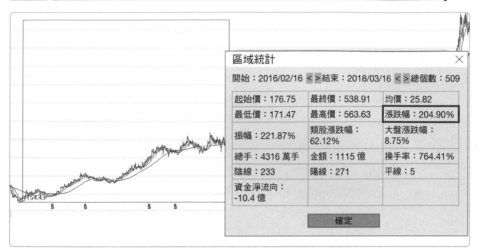

圖1-7　東方雨虹漲跌幅（2018年3月19日～2018年10月18日）

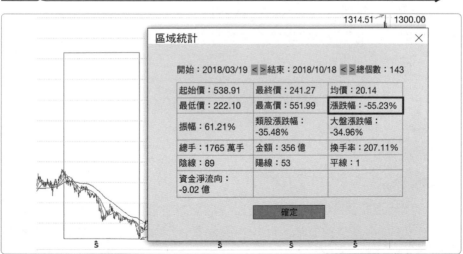

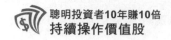
圖1-8 東方雨虹漲跌幅（2016年2月1日～2021年2月26日）

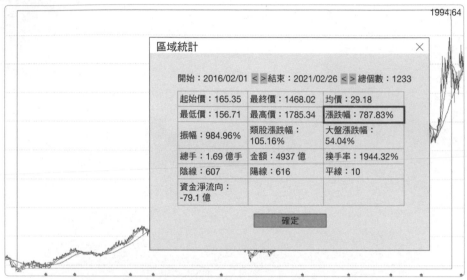

不誤！

　　最後，我想問大家一個問題：你要當長線交易者，還是短線交易者呢？

十 點 來 解 答

且聽鋒吟：

　　我一直有個疑問，就機率上拉長週期來看，例如：10年、15年，甚至20年，是定期定額的年化報酬率更高，還是價值投資（買入價值股長期持有）的報酬率更高？

十點：

　　好問題，90％的人做價值股還是跑不贏指數基金，原因就在於短線思維。如果你真正理解價值投資的核心思想——好價格、好公司、長期持有，那麼很大的機率能跑贏指數。關鍵是你要能理解這家公司，才抱得住股票。還有一個辦法是：不理解這家公司，但是不盯盤，也能抱住股票，這有很大的機率能跑贏指數。

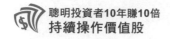

1-5
聽從別人的建議或推薦，遲早會遭遇3種危害

　　短期來看，世界上的不確定因素非常多，但是長期來看，無論第二次世界大戰、美蘇數十年的冷戰，最終都沒有阻礙世界經濟整體的發展趨勢。

　　如果你不願忍受短期波動，想獲得穩定的回報，就應該去銀行存款。如果你不在乎短期波動，而是想從波動中受益，就應該大膽在市場大幅下跌時，買進確定性高的資產，例如：長期業績不會受影響的價值股、被低估的指數基金等，然後等待這些資產的價值回歸。只要相信世界不會毀滅，保持樂觀，確定性高的資產上漲機率是 99.999999%，那 0.000001% 的可能性是地球毀滅。如果地球真的毀滅，你的錢也沒用了，因此你大可輕鬆自如。

　　不要為每天的市場波動而憂愁，那與長期市場走勢完全無關。有些人總覺得我講這些是廢話，寧願我直接推薦牛股。

　　老實說，要我寫推薦股票的內容，其實更簡單，只要隨便找一檔股票，上網抄一些新聞，截幾張圖，再下一個「推薦一檔 100 倍大牛股」之類的標題，肯定會比我現在寫的內容更吸睛，還不用像現在挖空心思，要粉絲拒絕短線的誘惑，堅定相信長期投資的價值。

✚ 靠別人推薦買股，終究一場空

其實，沒有一個人是靠別人推薦股票賺錢的，哪一天如果你不再聽信任何人推薦股票，你就會離虧損越來越遠。只要你還是聽別人的意見炒股，基本上都會虧錢，沒有賺錢的可能。很多散戶都深受推薦股的危害，分成 3 種情況。

第一種情況，真的有高手幫你推薦股票。當你聽別人的推薦買股票，股市一有波動時，你又會問別人：「是不是該賣了？」「還會漲嗎？」等等一堆問題，而推薦股票給你的人，並不知道你的想法，甚至當初只是隨口說說，早就忘記這一回事，獨留你在痛苦中交易。哪怕這個人很厲害，推薦給你 5 檔股票，其中有 4 檔賺錢，1 檔虧錢，最後你還是有可能倒虧。

還有一點，每個人對虧損的承受力不一樣，別人推薦你買的這檔股票，也許放 3～5 年能賺錢，但是你買進後虧了 10% 就停損賣出，結果還是虧錢出局。所以，靠別人的推薦來股票，真的是死路一條。只有對一家公司足夠了解，靠自己的認知買進，才不會被市場左右，能夠堅持自己的看法，等到「柳暗花明又一村」的結局。

第二種情況，騙子推薦股票給你。有些非法的投顧公司沒有經過核准，員工也沒有投顧執照，只是隨便找一些人用電話行銷，能騙一個是一個。因此，只要不聽信任何推薦股票的建議，你就永遠不會中招。

第三種情況，合法的投顧公司希望你多交易。這個行業的初衷是為投資者提供建議和提示風險，但有些唯利是圖的機構認錢不認人，所以投資者的結局也跟上面兩種情況差不多。

十 點 來 解 答

不求安逸的 π：

　　我的理解是，在第一個階段，新手投資者可以買上證 50、滬深 300、中證 500 的指數基金或 ETF。在第二階段，可以進階嘗試行業指數基金或 ETF，為後面的賽道做鍛鍊和提前篩選，這也是我目前所處的階段。在第三階段，可以開始嘗試選股，挑選行業龍頭的企業。在第四階段，如果對風險有一定的敏感度，可以嘗試追風逐熱、小試牛刀。

十點：

　　告訴你一個殘酷的現實：90％以上的人一輩子只適合買指數基金，要遠離股票。你有很大的機率也在這 90％當中，先不要太高估自己，免得要付出沉重的代價。所以，並非新手小白才要買指數基金，而是成熟的散戶投資者都只買指數基金。

>>>

解脫：

　　這幾年廣基型指數基金的業績不如主動型基金好，如果買滬深 300 指數、中證 500 指數、科創 50 指數、消費行業指數及醫藥行業指數，來組合投資組合，收益會更高嗎？

十點：

　　買指數基金最大的特點是確定性高，而且不能只看短期確定性，要看 10 年以上的長期確定性。

NOTE   /   /   /

第 2 章

如何挑選價值股？
學巴菲特和蒙格
持續這樣做

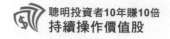
2-1
巴菲特的「可口可樂選股法」，教你瞄準商業模式

　　進入這一節內容之前，請先想想看，投資一家公司時，究竟是在投資它的什麼？具體上要考慮哪些因素？

　　你有答案了嗎？

　　我先用一句話回答：買股票就是買公司，買公司就是買它未來現金流的折現。這裡的「現金流」是指淨現金流，「未來」是指公司的整個生命週期。「折現」是相對於投資者的機會成本（也就是從事某項經營，而放棄另一項經營的收益，或是利用一定資源獲得某種收入時，所放棄的另一種收入）而言，最低的機會成本是無風險利率，例如銀行的定存利率。

　　舉例來說，農民在獲得更多土地時，如果選擇養豬，便無法養其他家禽，養豬的機會成本就是放棄養雞或養鴨的獲利。假設養豬可獲得 9 萬元收入，養雞可獲得 7 萬元收入，養鴨可獲得 8 萬元收入，那麼養豬的機會成本是 8 萬元，養雞為 9 萬元，養鴨也是 9 萬元。

　　再以股票為例。假設你可以選擇股票和定存這兩種理財方式，如果在 2020 年 5 月 1 日用 1 萬元買進某檔股票，經過一年操作，到 2021 年 5 月 1 日的淨收益為 450 元。如果將這 1 萬元存入銀行，一年期定存的

年利率為 2.25％，扣除利息稅，會有 180 元的利息收入。這 180 元是你投資股票而放棄定存的機會成本，因此你的實際獲利應為 270 元，而不是 450 元。

如果到 2021 年 5 月 1 日，你投資股票的淨收益變成 150 元，考慮到機會成本，實際收益是虧損 30 元。如果到 2021 年 5 月 1 日，你投資股票的成果仍是虧損，再加上機會成本，就虧損更多了。

其實，區分是不是價值投資的主要關鍵，就在於有沒有考慮公司未來現金流（的折現）。很多人買股票的理由都與公司未來現金流無關，而是與他因素有關，例如：市場怎麼看、買新股能賺錢、公司重組等。

很多有關價值投資的理論，像是商業模式、護城河、能力圈等，都是在討論如何看懂現金流。巴菲特認為，是否投資一家公司，最重要的是看它的商業模式。也就是說，你不用鑽研很多專業術語和財務知識，一切的核心是商業模式。

✛什麼是好的商業模式？

舉例來說，貴州茅台的商業模式很好，高毛利、低成本；機場的商業模式也很好，投入一次就能常年獲利，維護成本也不高。相較之下，零售不是好的商業模式，競爭激烈，新技術不斷革新，使得歷史上的零售巨頭一個個倒下。

阿里巴巴其實不是零售企業，它是為零售企業提供推廣服務，最終是靠賣廣告賺錢，因此成本低，護城河高。京東一開始自己做零售，成本高，利潤薄，因此後來開始做平台服務。

俗諺說：「男怕入錯行，女怕嫁錯郎」，放在投資上也是差不多的道理。如果你投資錯行業，分析得再好也是徒勞，所以要先選擇一個自己能理解的行業，再選擇一家龍頭企業的股票。

我認為「護城河」是商業模式中的一部分，好的商業模式往往具有

很寬的護城河，是未來現金流的保障。1998 年，巴菲特和蒙格在波克夏·海瑟威的股東大會上，完整描述了何謂「好的商業模式」。

巴菲特表示，像可口可樂這麼穩健的生意，全世界少見。他認為，隨著全球居民生活水準普遍提高，軟性飲料製造商將從中受益。可口可樂的「心占率」非常高，很多消費者對這個品牌情有獨鍾。蒙格表示，他們會過濾短期噪音，主要看 10～15 年後的前景，「我們對可口可樂很放心」。

可口可樂 50 多年來都沒怎麼變，巴菲特認為變革招致的威脅大於機會，他不投資未來可能變樣的生意。雖然按照這種原則投資，會錯過很多大機會，但是沒關係，他表示：「我們本來也不知道怎麼抓住那些大機會。」

巴菲特說，他能將軟性飲料行業看得很透徹，但是對軟體行業卻看不透。他認為微軟將來未必能勝過可口可樂，「與軟體相比，我更清楚 DQ 霜淇淋 10 年後的確定性。」蒙格補充說，在科技變革中，波克夏·海瑟威投資的生意不會被淘汰。

很多人期望在高科技領域中，找到一支將來能百倍成長的黑馬股，這些人只看到成功的企業，卻忘記或根本不知道有千千萬萬家倒下的高科技公司。或許你認為巴菲特錯過微軟，但是 2000 年科技股泡沫破裂時，有數萬家科技公司倒閉，你能保證自己買到的是成功企業，而不是倒閉企業嗎？

買到成功企業的機率只有萬分之幾，買基金也是一樣。很多人說主動型基金可以跑贏指數基金，但是總買不到真正能跑贏的產品，因為當時間拉長到 10 年，主動型基金跑贏指數的機率只有百分之幾。相反地，若選擇廣基型指數基金，就有 95％以上的機率能獲得與指數相近的收益，而每個人都能做到確定性那麼高的事。

回到「什麼是好的商業模式」的話題。可口可樂靠一個配方做了130 多年的生意，就是好的商業模式。可口可樂的關鍵市場夠大，據說

現在每秒鐘可以賣出 2 萬瓶，每天賣出 1.8 億瓶，而且人們喝完了還會買，爺爺要喝，孫子也要喝，100 年後的人也會喝。所以，買了可口可樂公司的股票，等於買到一台賺錢機器。

**長期投資穩定不變的生意

有些人說，可口可樂近 20 年的股價幾乎沒上漲，巴菲特為什麼不賣掉它，換成別的公司？

首先我想問，賣掉可口可樂，還能買到另一個 100 年都穩健經營的好生意嗎？顯然不太可能。100 年前的高科技公司，現在幾乎一家都不剩，你能保證現在熱門的互聯網公司，在 100 年後仍然存在嗎？科技進步總是充滿革命性，科技公司無法永存不滅，起碼無法像可口可樂一樣長壽。

其次，長期價值投資者不會考慮股價漲不漲，只會考慮這家公司的事業能否持續帶來現金收入，如前文所述，價值投資買的是公司未來現金流的折現。可口可樂至少能在 100 年內（相當於一個人的有生之年），每年穩定帶給巴菲特現金流，對他來說股價漲跌反而無所謂。

打個比方，假設你投資隔壁老王的一家麵館，它的生意非常穩定，每年都給你分紅，而且這是你主要的現金收入。如果有人出價要跟你買這家麵館，你會賣嗎？賣了，你就等著坐吃山空，通貨膨脹會讓你很快花完賣麵館的錢，而且你再也找不到那麼好的投資機會了。

同樣的道理，可口可樂、內布拉斯加家具商城、時思糖果（See's Candies）等「現金牛」（注：Cash Cow，就像奶牛定期生產牛奶，現金牛公司會產生穩定的現金流）提供股東大量的股息收入。對巴菲特來說，這種錢是不斷投資新項目的主要資金來源，他怎麼可能會賣掉這些公司呢？所以，巴菲特不是炒股，而是投資真正的好生意。

貴州茅台是類似可口可樂的好生意，而且毛利率更高，護城河更

深。中國人喝白酒已經喝了 5,000 年，未來 100 年會繼續喝。而且，市場需求還沒被滿足，貴州茅台的消費量只占白酒總消費量的百分之幾，它的提升空間還很大。因為貴州茅台只要擴大每年的基酒儲存量，不必繼續投入大量資金，5 年後就能提升收入。

100 年都不會改變的生意，才是真正的好生意，例如：機場、港口、碼頭等，特別是機場，加上高端人流帶來的增值服務，更是好生意。港口和碼頭相對差一些，無法透過人流來賺錢。車站和高速公路休息區若能獨立上市，應該也是好生意。

相反地，總是在變化的生意不是好生意，例如：前幾年的網路遊戲熱潮，讓很多網路遊戲公司一下子業績暴漲，但這靠的是運氣，之後很快就偃旗息鼓。這些公司的成功是基於一個經常變化、競爭極為激烈的生意，因此這個生意非常脆弱。

電影也不是好生意，因為它的命運寄託在導演、演員和編劇身上，這些人的成本很高，再加上能不能賣座要靠運氣，想持續賣座更是難，所以很少出現持續高營收的好電影公司。

至於製藥業，研發一種新藥的成本很高，動輒要投入幾十億美元，還可能失敗或被仿製，很容易前功盡棄。大型製藥企業已經有生產模式，每年大量投入，生產幾種可以大賣的新藥，就能維持長久的生意，相較之下，小型製藥企業只能靠運氣，就不是好生意。

總而言之，如果少投入或不投入，就能將一門生意永久做下去，便是好的商業模式。暴利未必好，勢必引來大量競爭者。如果只有微利，但規模可以無限擴大，依然能賺大錢，典型的案例就是可口可樂。賣出一罐可樂只帶來微利，但是一天能賣 1.8 億罐，就是大生意。找到這樣的好公司，值得一輩子擁有。

✛兼顧本業和投資才是贏家

　　最後提醒大家，對一般人來說，最大的機會成本是做不好本業工作，如果你放棄本業，全身心投入短線操作股票，最後往往是股票虧錢，本業工作也沒做好。尤其對中年人來說，絕不能把機會壓在小機率的事上，早一日放棄炒股，就能早一日降低人生最大的機會成本。

　　不要心存僥倖，幻想自己能成功，因為有太多人花了 10、20 年去短線操作股票，而放棄事業，最後一事無成，不但虧掉血汗錢，還虧掉人生成就、家庭幸福、孩子教育，這些損失有多大，實在無法想像。

　　知道自己的能力範圍有多大，是最重要的事。用定期定額方式投資指數基金，或是從事長期價值投資，不但能賺錢，還能把本業工作做好，這樣才是人生贏家。

┼ 點 來 解 答

寧靜致遠：

　　這些內容讓我醍醐灌頂，對我很有幫助。買股票不要總是指望一夜暴富，也許有時候幸運買到龍頭股，但這種機會不常有。

　　我是剛踏入股市的小白，有幸跟著老師學習，買了一些價值股，收穫不錯但是不懂得停利，結果白忙一場。值得慶幸的是，買的都是價值股，日後一定會漲回去，所以心裡有底並不慌。

　　這就是投機與投資不同的地方，炒短線虧了，一般人都是停損出場，而不是耐心等待。還有一點，炒短線會嚴重影響我們的生活狀態，心理上會急躁不安。我就曾是這樣，每天都很煩躁，書看不下去，工作也沒勁，真是得不償失。如果為了玩股票而捨棄生活樂趣，整天守

在電腦螢幕前看K線，那麼我寧願不玩股票。

老師寫的內容讓我知道，我是為了什麼進入股市，以後安安心心買價值股就行了。我的要求不高，只要獲利比銀行定存更高就可以。專心做好自己的本業，提升自己的能力，才是最重要的。

十點：

遇到市場波動不要緊，波動上漲的錢本來就不是你的，你只需要看幾年之後整體能賺多少，而不是試圖把波動的錢都賺到，那是不切實際的。

>>>

D.N：

最近讀了《富爸爸窮爸爸》一書，十點做的事情其實與那本書的作者差不多，普通人很難達到，因此您推薦大家買指數基金，特別適合我這樣的普通人。

十點：

你也可以做到！

>>>

小小磊：

慢就是快，我的投資原則是靠有價值的公司替自己賺錢。所有的投資都需要付出時間成本。

十點：

用知名投資人張磊的話來說，不用管一家公司現在的股價是多少，要看它是否正在創造價值，如果是，市場的獎勵將會很豐厚。

>>>

修行的小魚（海棠）：

　　我看了十點的文章，買了恒生 ETF 和一些主動型港股基金，收益很不錯，港股基金最高的報酬率已經到 30％。拋磚引玉，多看多學，感謝！

十點：

　　這些收入都是你認知能力的變現，賺到了就是屬於你自己的了。

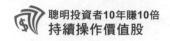

2-2
用3個條件、10個標準，篩選出 Top 1%的優質企業

　　如果你還認為股市是賭場，那麼你應該離開，因為進賭場都是「十賭九輸」，所以你有很高的機率會輸錢。心態決定結局，如果你是準備來賭博，那麼結局只有輸贏，而不是雙贏。有人總覺得市場有莊家，跟著他們就能賺走散戶虧的錢，這同樣是賭博心態、投機心態，這些人在市場留存的時間越長，會虧得越多，因此早點離開是最好的選擇。

　　股市到底是不是賭場？答案非常明確：不是。中國股市裡有太多優秀的公司，投資者賺的是它們的利潤。心態決定結果，假如你的心態是賭博，選擇的股票一定是沒有業績支持的概念股、消息股。總想讓別人當接盤俠，而你當收割者，結果你的貪婪和恐懼會讓你成為接盤俠。

　　相反地，如果你堅定只找真正賺錢的公司，長期持有，賺它們的營收利潤，就絕對不會去買只有概念的垃圾股，也不會只想做短線投機，這樣一來，虧損自然會遠離你。

　　比較公司總利潤與股價的年化漲幅，如果兩者基本上吻合，說明漲的是真金白銀，而不是市場炒作。相反地，如果股價大漲，而總利潤幾乎沒有增加，甚至減少、虧損，投資者就要遠離，哪怕現在概念正熱門，遲早有一天會現出原形。當潮水退去，誰在裸泳就很清楚了。

大牛股都出自總利潤攀升速度快的公司，如果股價和公司利潤能夠同步增長 10 年以上，就是一家了不起的未來大牛股。

知名投資人段永平曾分享一個價值投資觀點，值得大家反覆閱讀。

> 對於大多數不太了解商業的人而言，千萬不要以為股市是可以賺快錢的地方。長期而言，股市上虧錢的人總是多過賺錢的人。想賭運氣的人還不如去買彩票，起碼知道中獎的機會小，不會下重注。有人說股市就是賭場，事實上，對於把股市當賭市的人來說，股市確實就是賭場，而且常賭必輸！
>
> 不要輕易嘗試擴大自己的能力圈。搞懂一門生意往往需要很多年，不要因為看到一、兩個消息就輕易跳進自己不熟悉的領域，不然早晚會摔跟斗。用我這個辦法投資，雖然沒辦法完全不犯錯，而且可能失去無數機會，但至少能避免很多犯大錯的空間。

凡是覺得我的文章有幫助的人，都應該多看看巴菲特的投資哲學。有人問，如何避免自以為了解行業，其實是誤解的情況？我的個人觀點是，錯誤無可避免，但只要在自己的能力範圍內，並保持專注和用功，就能大幅減少犯錯的可能。

對 99％的散戶來說，在股市賺錢的途徑只有一條，就是定期定額投資指數基金。不要以為股市「一賺二平七虧錢」當中的「一賺」占 10％，要知道這句話是針對所有投資者來說，其中包含機構投資者和海外投資者，普通散戶真正的賺錢比例就只有 1％。你若不相信，可以問問周遭炒股的人，每 10 個當中有沒有一個是長期賺錢的？

相較之下，99％的人只要努力工作都能賺到錢，只是賺多賺少的問題。在股市裡搏殺 5 年以上的人，100％都會認可：資本市場是世界上最難賺錢的地方。

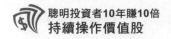
✛如何找到價值股？

除了定期定額買基金之外，普通散戶在股市賺錢的第二條途徑是買進價值股。這只需要兩個步驟，第一步：選一個好公司；第二步：公司被低估了就買進，長期持有，公司被高估了就賣出。

如何才能判斷公司是好還是壞？有以下 3 個條件。

第一，公司所處的行業好，也就是商業模式好，有持續性，而且市場夠大。

第二，在行業中具備明顯的領先優勢，特別是市占率較高的行業龍頭。

第三，經營期夠長，至少有 10 年甚至 20 年以上的歷史。較長的經營期，代表公司曾經歷各種總體經濟問題的衝擊，並且能持續戰勝競爭對手，保持穩定的經營。

符合以上 3 個條件就算是好公司，但是在 A 股幾千家公司當中，實際上真正適合長期價值投資的公司不到 1%。要從幾千家公司當中篩選出 1% 的好公司，光靠這 3 個條件還略顯廣泛，所以我再給出 10 個更為精確的標準。

1. 有競爭力的公司。舉例來說，貴州茅台經過幾十年的品牌沉澱、工藝累積，短期內很難有對手能夠超越。貴州茅台幾乎是零庫存，經銷商總是在搶貨，只要有貨就賣得掉，根本不存在市場風險。

2. 產品單一，最好是一個產品打天下。舉例來說，可口可樂將一種可樂賣了 100 多年，幾乎沒有變化，產品的利潤完全不依賴新品開發，銷售成長平穩，沒有風險。

3. 低投入、高產出的公司。舉例來說，機場經過投資建設後，每

年靠著航班起降的次數賺錢，而且壟斷所在區域，沒有競爭壓力。高速公路公司就有競爭激烈的問題，一個區域可能有數條高速公路。這和做生意的道理一樣，如果開餐廳投資 100 萬元，就希望它賺 1,000 萬元，而不是投資 2,000 萬元，卻只賺 1,000 萬元。

4. 利潤總額高，獲利穩定的公司。公司年利潤起碼要在 5 億元以上，因為通貨膨脹之下，如果一年只賺幾千萬元，根本不夠幾個月的成本開銷，這樣的公司離破產不遠，風險很大。另外，要遠離曾有虧損的個股，選擇每年盈餘成長率都超過 15％，成長性好的公司。

5. 股東權益報酬率高的公司。股東權益報酬率（注：計算方式為「稅後淨利 ÷ 股東權益」）反映公司利用淨值產生淨利的能力，是衡量企業獲利能力的重要指標。「淨值」是指總資產減去總負債之後的餘額（注：即股東權益），代表一個公司真正值多少錢。並不是淨值越高越好，關鍵要看公司每年利用淨值賺到多少錢，也就是股東權益報酬率越高越好。好公司的股東權益報酬率應該在 20％以上，在 10％以下的公司根本沒有投資價值，基本上可以淘汰。

6. 有穩定高毛利率的公司。毛利率是最重要的財務指標，毛利率高反映公司在行業內、產品上有絕對的定價權。公司的毛利率一定要穩定或趨升，如果毛利率下降，就不應該投資，例如：早年的四川長虹，原本是大牛股，後面跌得很慘，主要是因為家電行業的價格戰導致毛利率直線下降。

7. 應收款少、預收款多的公司。應收款多代表欠帳很多，風險偏大，但還是要看應收款的實收率。預收款多代表這個公司銷路很暢通，都是先收錢再發貨，例如：貴州茅台的經銷商每年都要提前預付貨款，才能拿到貨。

8. 選擇一個行業的龍頭公司。每個行業都有龍頭，隨著市場競爭越來越激烈，往往是行業龍頭賺走絕大多數利潤，其他公司只能賺點小錢。以手機行業來說，早期的蘋果公司賺走業內 97％的利潤，剩下的

公司只賺到 3%，這就是龍頭企業的優勢。唯有選擇龍頭公司，投資者才能找到賺錢機器。

9. 盈餘殖利率高、借款金額少。公司的每股盈餘越高，代表賺錢能力越強。不過，不能光看每股盈餘，如果每股盈餘很高，但是股價也很高，使得盈餘殖利率（注：計算方式為「每股盈餘 ÷ 股價」）過低，那就不值得投資，理由是回本週期會很長。另外，公司的借款金額越少越好，高負債的公司不但經營成本高，而且體質很脆弱，一根稻草就能壓死它。

10. 選擇嬰兒的股本，巨人的品牌，行業的龍頭。未來 3 年能漲 10 至 20 倍的公司，都有這些特徵：股本很小，是行業的龍頭老大，市占率非常高。

舉例來說，1950 年代的索尼（SONY）是一家小公司，但品牌很響亮，在日本的市占率很高。當時投資索尼的機構和個人投資者，都賺得盆滿缽滿。再例如 2003 年的騰訊，當時市值不到 10 億美元，但是 QQ 在中國已是無人不曉，使用者規模高達數億，在即時通訊市場的市占率高達 90% 以上，是當之無愧的行業龍頭。

這裡要特別說明股本的擴張：證券市場是一個喜歡吹泡泡的地方，這個泡泡的核心指標就是本益比，其放大受到兩個因素影響。一是獲利的放大，好公司的獲利每年都會增加，也就是獲利成長型公司。二是股本的擴張。

在以上 10 個標準當中，如果**一家公司能符合 8 個以上，基本上就是價值股，如果符合 10 個，就絕對是價值股**。長期持有這些好公司，很有機會能獲得高報酬，如果再選到一個好買點，就很可能獲得高於市場平均值的超額報酬。

受到外在利空因素的影響，市場可能會大幅壓低價值股公司的股價，對於充分了解公司價值的人來說，這是千載難逢的買進機會。因為

公司自身的經營狀況維持不變，而且處於市場領先地位，只要外在因素一轉好，市場馬上會恢復估值，投資者就能從市場波動獲得超額報酬。但是，對於不了解公司價值的人來說，市場恐慌就會跟著恐慌，最終只能被當韭菜割。

請大家仔細閱讀以上 10 個評判價值股的標準，有空就去研究這些公司的基本面，哪怕花 3、5 年了解一家公司，也比花 10 年天天盯著 K 線波動還要強。盯著 K 線只會擾亂心智，讓人變得不理性，最後被理性的投資者收割血汗錢。

十點來解答

阿有：

我不認同只有 1% 散戶賺錢的說法，我身邊的朋友都是散戶，不說賺大錢，但維持獲利的占半數以上，我也是散戶，也是有獲利。以前的散戶經驗不足，但是在資訊時代，散戶也在進化，現在大家都慢慢理解資本市場的運作模式，所以我堅信中國的資本市場值得做博弈。

即使是做生意，也不能保證穩賺不賠，更何況炒股這種相對自由輕鬆的賺錢方式？重點還是在個人的付出和努力，市場從來不缺機會，缺的是信心和執著。

十點：

不要今年獲利就認為自己賺錢了，10 年都持續獲利才算是真正的賺錢，大部分散戶往往在一開始資金少、心態好的時候確實能獲利，卻以為是靠自己的能力賺到錢，於是開始大量投入，結果造成大虧。還有，你有沒有賺到年化報酬率 5% 的獲利？如果沒有，那還不如把

精力花在別的地方。

>>

鵬：

　　我看好創業板當中的權重價值股，不想去碰小股票。

十點：

　　要買好公司，只買好公司，創業板當中炒概念的公司很多。當然，買指數是最靠譜的。

鵬：

　　明白了，嚴格執行 10 個選股標準。耐住寂寞，靜待花開。

2-3

怎麼發掘長期價值股？ 學蒙格採用一個核心指標

　　蒙格說過：「長期來看，投資者的投資報酬率，接近於企業的長期股東權益報酬率。」假如你買進一檔股票的價格，等於公司的淨值，也就是股價淨值比等於 1（注：計算方式為「股價 ÷ 每股淨值」，股價淨值比愈低，代表股價愈接近淨值〔也就是股東權益〕），若不考慮市場波動的折價或溢價，長期獲得的報酬將正好等於股東權益報酬率。

　　我們投資價值股獲得的超額報酬，主要來自市場的波動。

　　假如你買進時的股價淨值比是 2，也就是溢價 100%，等於用 2 元買進價值 1 元的資產，如果這家公司的股東權益報酬率是 15%，你至少需要 5 年來消化這個公司超額上漲的部分。關鍵是，買進後 10 年才獲得不到股東權益報酬率一半的收益，買進 20 年後才獲得跟廣基型指數差不多的報酬率。

✚即使買到好股，買在高點也難賺

　　由此可見，投資價值股時，即使選到好公司，若是買在股價高位，長期要獲得超過廣基型指數的收益也非常不容易，更何況你還可能看走

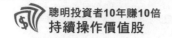

眼，而買錯公司。

　　相反地，假如你買進時的股價淨值比是 0.8，也就是折價 20％，等於用 0.8 元買進價值 1 元的資產，如果這家公司的股東權益報酬率還是 15％，那麼接下來的 5 年，你會獲得將近 20％的年化報酬率，跑贏股東權益報酬率 4 個百分點以上。

　　假如買進時的股價淨值比是 0.5，那就更不得了，在第一年最高可獲得 130％的報酬率。所以，你買進的公司股價淨值比越低，長期獲得的報酬率越可觀，安全邊際越高；買進的公司股價淨值比越高，長期獲得的報酬率越低，風險越高。一般來說，持有價值股的長期報酬率不會超過股東權益報酬率，我們來看幾個典型的例子。

　　1. 貴州茅台，長期的股東權益報酬率是 24％～45％，平均約 30％（見圖 2-1）。貴州茅台的股價在 19 年間上漲約 301 倍（見圖 2-2），年化報酬率 30.4％，和股東權益報酬率基本吻合。

　　2. 萬科 A，29 年上漲將近 311 倍（見第 76 頁圖 2-3），年化報酬率 21.1％，而且近 12 年的股東權益報酬率一直在 20％左右浮動（見第 76 頁圖 2-4），再一次證明價值股的長期盈餘殖利率和股東權益報酬率的關聯。

　　3. 格力電器，24 年上漲將近 542 倍（見第 77 頁圖 2-5），年化報酬率 28.23％，而且近 11 年的股東權益報酬率始終在 25％～35％之間波動（見第 77 頁圖 2-6），與年化報酬率幾乎相同。

　　4. 招商銀行，18 年上漲超過 17 倍（見第 78 頁圖 2-7），年化報酬率為 17％，而且近 12 年的股東權益報酬率也在 15％左右（見第 78 頁圖 2-8），與年化報酬率幾乎吻合。

　　大家可以對照其他價值股的資料，80％的年化報酬率與股東權益報酬率會相互吻合。所以，股東權益報酬率也可以用來檢驗一檔股票是不

圖2-1  貴州茅台2009～2020年股東權益報酬率

圖2-2 貴州茅台區間漲幅（2001年12月31日～2020年12月31日）

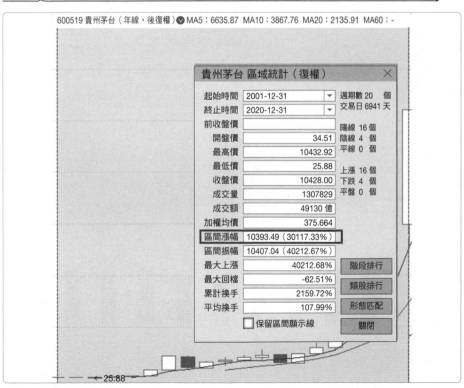

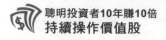
圖2-3 萬科A區間漲幅（1991年12月31日～2020年12月31日）

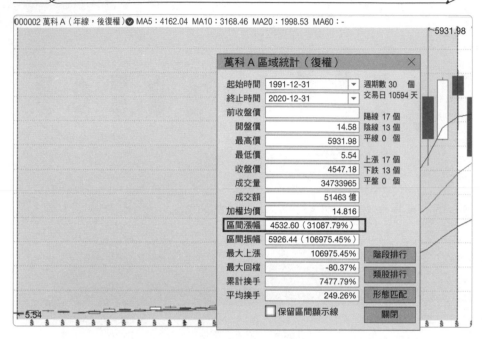

000002 萬科A（年線，後復權）ⓥ MA5：4162.04 MA10：3168.46 MA20：1998.53 MA60：-

~5931.98

萬科A區域統計（復權） ✕

起始時間	1991-12-31 ▼	週期數 30 個
終止時間	2020-12-31 ▼	交易日 10594 天
前收盤價		
開盤價	14.58	陽線 17 個
最高價	5931.98	陰線 13 個
最低價	5.54	平線 0 個
收盤價	4547.18	上漲 17 個
成交量	34733965	下跌 13 個
成交額	51463 億	平盤 0 個
加權均價	14.816	
區間漲幅	4532.60（31087.79%）	
區間振幅	5926.44（106975.45%）	
最大上漲	106975.45%	階段排行
最大回檔	-80.37%	類股排行
累計換手	7477.79%	形態匹配
平均換手	249.26%	
☐ 保留區間顯示線		關閉

5.54

圖2-4 萬科A2009～2020年股東權益報酬率

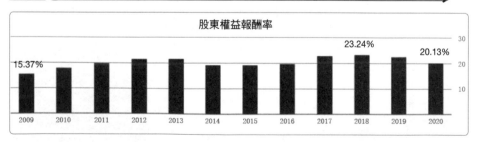

股東權益報酬率

15.37%　　　　　　　　　　　　　　　　23.24%　　20.13%

2009 2010 2011 2012 2013 2014 2015 2016 2017 2018 2019 2020

圖2-5 格力電器區間漲幅（1996年12月31日～2020年12月31日）

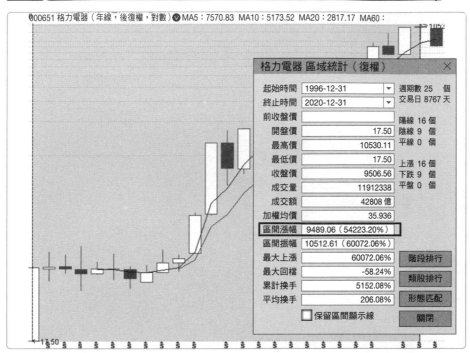

圖2-6 格力電器2012～2022年股東權益報酬率

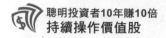

圖2-7。 招商銀行區間漲幅（2002年12月31日～2020年12月31日）

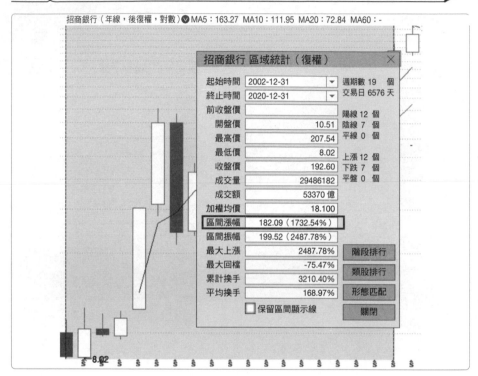

圖2-8。 招商銀行2009～2020年股東權益報酬率

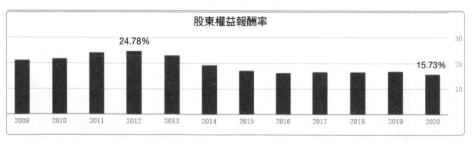

是真正的價值股。如果你要獲得 10％以上的年化報酬率，就不該投資長期股東權益報酬率低於 10％的公司。

不過，互聯網公司的情況特殊，其本身不是靠著淨值獲得收入，而是靠軟資產的人力資源、知識儲備等，所以不適用這套方法。90％以上的傳統企業，長期投資報酬率逃不出股東權益報酬率這隻如來佛掌。

這裡再補充兩個篩選好公司的條件。

1. 稅後淨利超過 10 億元。
2. 現金殖利率超過 5％（注：計算方式為「現金股利÷股價」）。也就是說，買進股票後，如果一年的現金股利是本金的 5％以上，那麼即使股價不再上漲，你也會獲利。再加上，如果選擇股價處於歷史低位的股票，股價上漲應該是遲早的事，你可以安安穩穩地拿配息。

最後，如果選擇股價淨值比低於 1 的公司，相當於用不到 1 元的成本，買到 1 元的資產，而且每年再賺 5％現金股利。按照投入的資產比值計算，實際的現金股利報酬率遠遠大於 5％，這種穩賺的生意去哪裡找？

所以，在挑選價值股時，可以剔除配息不穩定的公司，選擇配息穩定增長的公司，這說明它們的經營狀況穩健，值得長期投資。

十 點 來 解 答

贛江：

　　貴州茅台的股價淨值比超過 11，股價天天漲，銀行股的股價淨值比通常不到 1，股價卻很難上漲，股價淨值比真可以當選股標準嗎？

十點：

當然可以，這個指標要看長期表現，而且每個公司的歷史股價淨值比不一樣，貴州茅台的歷史股價淨值比平均為 8，2018 年 11 月一度到 6.7，所以那時是最好的買進時機，不要光看股價絕對值。

>>>

雁藍天：

現金殖利率會年年變化，起伏很大嗎？

十點：

儘量買長期穩定分紅的公司。

>>>

Move：

十點老師，我目前定期定額投資滬深 300 指數和創業板指數的基金，兩個倉位都一樣。後續應該繼續保持兩個倉位一樣，還是偏向滬深 300 指數基金呢？

十點：

想穩一點就選滬深 300 指數基金，想追求高回報、高波動就選創業板指數基金。

2-4

鎖定低估值、高配息的股票，10年創造10倍報酬！

前文提到，屬於價值股的好公司，長期報酬率一般不會超過股東權益報酬率，除非你能賺到市場波動的錢，這也是芒叔前 10 年做到年化報酬率 40％的根本原因（15％企業成長的錢＋25％市場波動的錢）。

如何賺市場波動的錢呢？芒叔挖掘低估股票的能力，比普通投資者強很多，所以他能找到風險極低、潛在報酬率極高、極穩定的投資標的，從而造就長期穩定的高報酬。

雖然普通投資者很難找到低風險、高報酬的投資機會，但我們可以學習芒叔的價值投資方法和原理。只要達到芒叔一半的波動收益（即每年 12.5％），加上選擇股東權益報酬率 15％以上的好公司，那麼總收益也可以做到年化報酬率 27.5％，也就是 10 年獲得 10 倍報酬。

╋2步驟找出低風險的獲利機會

一般投資者不僅想獲取波動收益，還希望長期持續賺錢，具體上需要做到兩個步驟。

第一步，找到 10 年內不會倒閉的公司。最簡單的辦法是選擇國有

大型企業，尤其是能源類企業，以及行業壟斷型的公司。

第二步，找到股價淨值比接近歷史低位的公司。逢低買進，等待市場價值回歸。

做到以上兩步，就有六～七成的把握能賺取波動收益。第一步驟相對簡單，把國有大型企業找出來逐一篩選即可。以下要具體講解第二步驟的操作方法，即按照下列 3 個條件篩選出合適的公司：

1. 歷史業績從未虧損。
2. 股東權益報酬率超過 10%，最好超過 15%。
3. 當前股價淨值比接近歷史低位。

這樣選出來的公司成長性往往很低，有些甚至不怎麼成長，所以大部分長期投資價值就是市場平均水準，和大盤差不多。

即使是這些低成長的大型國有企業，當股價被嚴重低估之後，市場終究會回歸到合理估值。這是價值投資最基本的常識：價格終究圍繞價值波動。我們要賺的就是從低估價格到合理價格之間的波動收益，這段獲利很豐厚，風險也很低。雖然這種方式不需要特別長的持股週期，但也是價值投資的一種方式。

用圖 2-9 做說明，可以看到，低估區的股價遠遠低於合理區，此時買進所承受的風險最低，因為往下空間有限，往上空間無限。如何判斷股價是否被低估呢？簡單的標準是：股價淨值比遠低於歷史平均值，或者絕對值低於 1，甚至 0.8，接近歷史低位。

另外，當股價淨值比回歸到合理區附近，就要選擇清倉。一般來說，這個合理區就是歷史平均值附近，或者是 1 附近。下面用案例做說明。

2014 年 3 月，寶鋼股份的股價淨值比跌到 0.54 附近（見圖 2-10），當時的股價如圖 2-11（見第 84 頁）所示。之後股價一路上漲，2015 年 4 月份漲到估值合理區附近（見第 84 頁圖 2-12），股價淨值比為 1.17（歷

圖2-9　股價的低估區→合理區→泡沫區

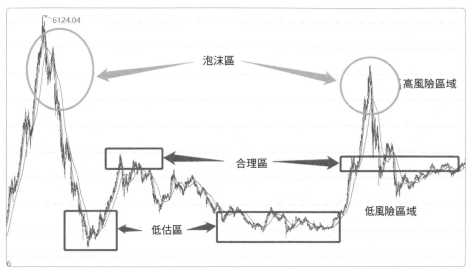

圖2-10　寶鋼股份股價淨值比（2006年12月～2020年10月）

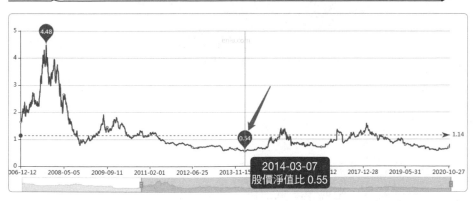

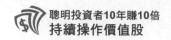

圖2-11 寶鋼股份股價（2014年3月）

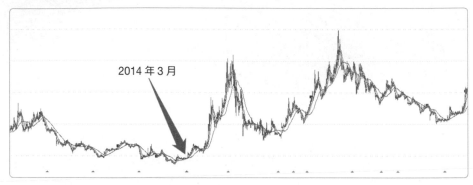

2014 年 3 月

圖2-12 寶鋼股份股價（2012年6月～2019年5月）和股價淨值比

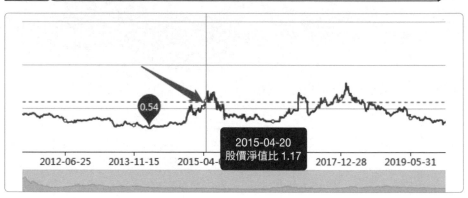

0.54

2015-04-20
股價淨值比 1.17

2012-06-25　　2013-11-15　　2015-04-　　　　　　　2017-12-28　　2019-05-31

史平均值為 1.36），就是應該清倉的時機。

像這樣持有大約一年，可獲得 76.75％的總報酬（見圖 2-13），而且所冒風險極低，是典型的低風險、高報酬機會。

2016 年 6 月也有一次機會，寶鋼股份的股價淨值比跌到 0.73（見圖 2-14），嚴重偏離歷史平均的 1.36，接近歷史最低點 0.54。此後，股價一直上漲到 2017 年 3 月，進入估值合理區，股價淨值比為 1.26，接

圖2-13　寶鋼股份股價漲幅（2014年3月7日～2015年4月20日）

寶鋼股份 區域統計（復權）			✕
起始時間	2014-03-07 ▼	週期數 274	個
終止時間	2015-04-20 ▼	交易日 410	天
前收盤價	7.27	陽線 133	個
開盤價	7.27	陰線 120	個
最高價	13.40	平線 21	個
最低價	7.13	上漲 132	個
收盤價	12.85	下跌 129	個
成交量	235921840	平盤 23	個
成交額	1427 億		
加權均價	6.049		
區間漲幅	5.58（76.75%）		
區間振幅	6.27（87.94%）		

圖2-14　寶鋼股份股價淨值比（2013年6月～2017年12月）

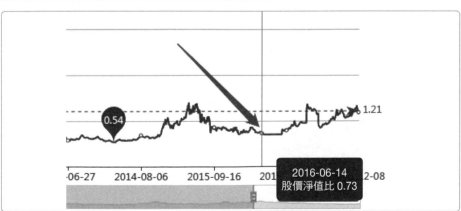

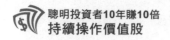
圖2-15 寶鋼股份股價淨值比（2015年4月～2020年10月）

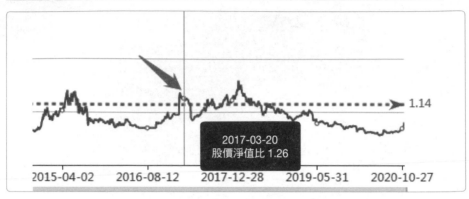

圖2-16 寶鋼股份股價（2016年6月～2017年3月）

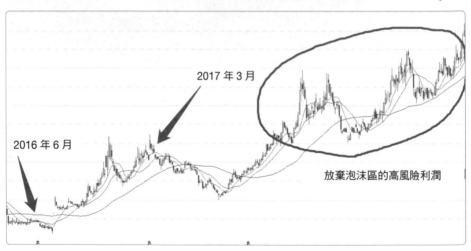

近歷史平均的 1.36（見圖 2-15），可以考慮清倉。

當時對應的股價走勢（見圖 2-16），從 2016 年 6 月建倉到 2017 年 3 月清倉，持有 9 個月，總計獲得 30％左右的高報酬，而且所冒風險極低。之後雖然繼續大漲，但股價進入泡沫區，風險很高，這不屬於我們

圖2-17 某銀行理財產品詳情

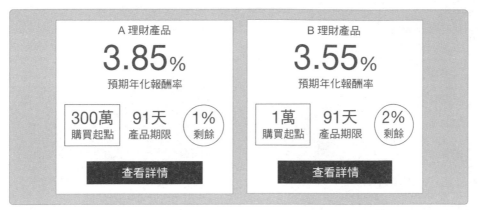

要賺的錢，所以大家也不用覺得可惜。

+ 如何獲取長期穩定的收益？

　　普通投資者除了賺到幾年的波動收益之外，如果還想長期持續賺錢，有沒有什麼好方法呢？

　　很多人喜歡在銀行買理財產品，但是現在利率越來越低，我分析某銀行的產品（見圖 2-17），年化報酬率 3.55％的產品要靠搶購，年化報酬率 3.85％的產品竟然要 300 萬元起跳，普通民眾根本買不起。由此可見，市場的總體報酬率不高，在利率走低的時代，想獲得 5％以上的理財收益並不容易。

　　然而，有一個變相獲取長期穩定投資報酬的辦法，能輕輕鬆鬆獲得超過5％年化報酬率，就是買進穩定配息的好公司，當股東每年領配息。這個方法特別適合年長者和保守投資者，可以把配息拿來補貼生活開支，省心又安心。

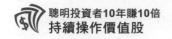
表2-1。工商銀行成長能力指標

成長能力指標	2020-12-31	2019-12-31	2018-12-31	2017-12-31
營業總收入（元）	8827 億	8554 億	7738 億	7265 億
歸屬母公司淨利（元）	3159 億	3122 億	2977 億	2860 億
扣除非常項目後淨利（元）	3141 億	3105 億	2955 億	2840 億
營業總收入同比（%）	3.18	10.55	6.51	7.49
歸屬母公司淨利同比（%）	1.18	4.89	4.06	2.80
扣除非常項目後淨利同比（%）	1.16	5.06	4.08	2.89
營業總收入滾動環比（%）	1.00	1.36	0.78	4.70
歸屬母公司淨利滾動環比（%）	9.24	0.80	–0.00	0.91
扣除非常項目後淨利動環比（%）	9.19	0.80	0.03	1.15

✚滿足3條件，才能長期領現金

要注意，這樣的公司必須是常年利潤漲幅高於股價漲幅，也就是說，一定要是「好公司」，而且有真金白銀的「真利潤」，還要捨得發配息。滿足這3個條件，投資者才能長期領到現金。

一般情況下，買進這類股票的時候，現金殖利率（即現金股利除以股價）可能只有百分之幾，5～10年後，現金殖利率很可能會翻漲十倍以上。以下用工商銀行做說明，其常年總收入很高，而且穩定成長。

如表 2-1 所示，可以看到 2017 年～2020 年，工商銀行的年淨利高達 3,000 億元左右，雖然每年的成長幅度很小，但總體業績穩定，也沒有出現斷崖式下跌。

以 2020 年為例，截至第三季度，每股盈餘已經是 0.64 元，全年每股盈餘應該能達到 0.8 元以上，而對應的股價是 5 元左右，報酬率可以

圖2-18 工商銀行股價漲幅（2006年12月29日～2019年12月31日）

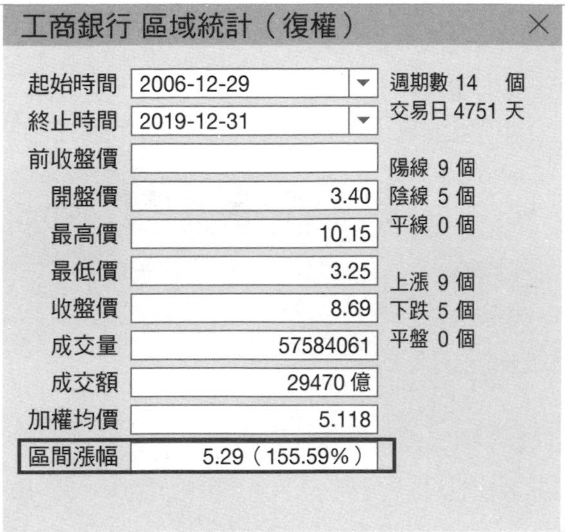

工商銀行 區域統計（復權）		✕
起始時間	2006-12-29 ▼	週期數 14　個
終止時間	2019-12-31 ▼	交易日 4751 天
前收盤價		陽線 9 個
開盤價	3.40	陰線 5 個
最高價	10.15	平線 0 個
最低價	3.25	上漲 9 個
收盤價	8.69	下跌 5 個
成交量	57584061	平盤 0 個
成交額	29470 億	
加權均價	5.118	
區間漲幅	5.29（155.59%）	

達到 16%。

　　當然，工商銀行的利潤不會全部拿來配息，根據近 8 年的記錄，基本上是每 10 股配息 2 元以上。按照 2019 年的資料計算，每 10 股配 2.63 元，股價 5 元，盈餘分配率是 5.26%。也就是說，如果在當時買進工商銀行，除了股價處於低估區，還可以獲得每年超過 5% 的現金股利。

　　只要是公司就一定有市場風險，工商銀行也一樣有經營上的不確定性。如果你是退休人士，也充分了解資本市場的風險，基本上可以買進銀行股來獲取穩定的現金股利，用於補貼養老開銷。

　　如果再往前推到 2006 年，情況會是如何呢？ 2006 年工商銀行的總收入是 488 億元，到了 2019 年，總收入是 3,122 億元，總漲幅超過 5 倍，年化漲幅為 14.2%。

　　同期，工商銀行的股價漲幅見圖 2-18。從 2006 年～2019 年，工商銀行的股價在 13 年間總計上漲 155.59%，年化漲幅為 6.933%（見圖

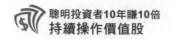

圖2-19 工商銀行股票報酬率情況

買進價格：	3.4 元
賣出價格：	8.69 元
持有年限：	14 年
計算	**清空**
總報酬率：	155.59 %
年化報酬率：	6.933 %

2-19），遠遠低於利潤的漲幅。

　　工商銀行的歷年配息狀況見表 2-2。可以看到，每 10 股配息金額從 2008 年的 1.33 元，成長到 2019 年的 2.51 元，翻了一倍。假如我們在 2006 年以每股 3.4 元的價格，買進 1 萬股工商銀行，共花費 3.4 萬元。到了 2020 年，按每 10 股配息 2.63 元來算，總共能收到 2,630 元現股股利，現金殖利率高達 7.73％，而且配息還在年年增加。像這樣的股票，你捨得賣出嗎？

　　當工商銀行的股價跌到 3.4 元以下，你一定還會持續買進，因為這是一檔賺錢機器。我相信，你會越來越喜歡股價下跌，因為可以買到更多、更便宜的籌碼，而且手上持有的股數越多，未來拿到的現金股利就越多。歷史上，工商銀行的確曾經低於 3.4 元，圖 2-20 是除權息後的年線圖，可看到 2008 年的最低價為 3.13 元，2014 年的最低價為 3.2 元，都是可以繼續買進的時機。

　　工商銀行也許不是最好的高配息股，但是順著這個思路，我們可以尋找股價淨值比低於 0.8 的公司，特別是居於壟斷地位的大型企業，它們的長期獲利穩定，成長率不高，盈餘分配率高而且穩定。當股價淨值比越低，就越值得長期投資，所冒的風險很低。

表2-2。 工商銀行歷年配息情況

年份	2020 年	2019 年	2018 年	2017 年	2016 年
配息	10 股 2.63 元	10 股 2.51 元	10 股 2.41 元	10 股 2.34 元	10 股 2.33 元
年份	2015 年	2014 年	2013 年	2012 年	2011 年
配息	10 股 2.55 元	10 股 2.62 元	10 股 2.39 元	10 股 2.03 元	10 股 1.84 元
年份	2010 年	2009 年	2008 年	2007 年	
配息	10 股 1.70 元	10 股 1.65 元	10 股 1.33 元	10 股 0.16 元	

圖2-20。工商銀行 2008 年、2014 年股價低點

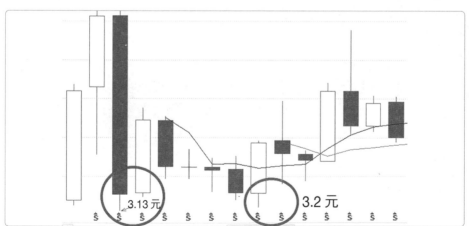

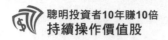
十 點 來 解 答

未來就是現在：

　　十點老師，我是進入股市超過 10 年的老韭菜，對 K 線一竅不通，不屬於技術分析派，但也不是價值投資派。我曾經抱了一檔股票近 10 年，從建倉的 28 元一直抱到停損的 4 元多，直到 2020 年 5 月有幸認識您，才明白真正的價值投資不只是靠「抱股」，而是以好價格拿到好股票，然後一直持有。

　　關於價值股的建倉，我有個想法：因為我不懂低估、高估這些標準，很難挑到好公司、好價格，所以一次買進我所理解的價值股，風險比較大，逐步建倉似乎更合適。我的想法是將資金分成 10 份，先用 5 份建倉，之後如果股價上漲，我就有獲利，如果股價下跌 10％，就買進 1 份資金的股票，如果再跌 10％，就再買進 1 份資金的股票，如果遇到極端行情，又繼續下跌 10％ 或 20％，我就一直補倉，直到資金用完。

　　這樣做的目的，一是避免一次買進後股價下跌，卻不能補倉的尷尬，二是避免股價下跌後帶來的心理恐慌，反而還會興奮，因為可以趁機補倉。這個想法是否成熟，或者有沒有可以優化的地方？麻煩十點老師指點。

十點：

　　第一，如果你能嚴格執行這個方案，肯定沒問題。第二，找到一個好價格，以全部資金建倉，最終肯定比你這樣交易賺得多。

未來就是現在：

　　謝謝十點老師，如果能找到好價格（哪怕只有 60％ 的確定性），一定會全倉買進。

>>

寧靜致遠：

「價值投資，按照老股民的說法就是買進被低估的股票，然後長期持有，等到被高估時賣出。聽起來是不是很簡單？是的，太簡單了，這不就是低買高賣嗎？道理簡單，但真正能做到的卻是少數。我知道持有好股票，放個幾年有極大機率會賺錢，問題是散戶的本金太少了。本金動輒幾百萬、幾千萬的大戶，就算做價值投資年化報酬率只有10%，也夠他們快樂生活。散戶沒有幾千萬元的身家，用幾萬或十幾萬本金去做價值投資，究竟是來股市發財的，還是來休閒娛樂的？以上應該就是大部分散戶做不到價值投資的主要原因。」

我在別的地方看到以上這段話，很多人都是這種心態，也許價值投資真的不是每個人都做得到。

十點：

很多人覺得這樣賺錢慢，卻沒想過他們所謂「快」的方法會一直虧錢。我們在錢少的時候，更要珍惜每一分本金，才能滾出未來的大雪球。

NOTE / / /

NOTE   /   /   /

第 **3** 章

價值股
該何時買、何時賣？
手把手教你7方法

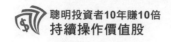

> ## 3-1
> # 實證顯示，價值股組合的年化報酬率狂勝大盤指數

　　從 2018 年年初到 2020 年 7 月，我總共分析 33 家優質的中國公司，後來其中一家因為爆出財務欺詐而剔除。若把剩下的 32 家公司彙編成「十點價值股 30 指數」，將 2018 年年初設為 1,000 點，截至 2020 年 7 月 31 日，這個指數的收盤價會是 2,023.67 點。

　　也就是說，如果你在 2018 年 1 月等額買進這 32 家公司，兩年半之後可以獲利 102.37％（見圖 3-1），年化報酬率高達 32.5％，遠遠跑贏同期的上證指數和滬深 300 指數。因此，如果你覺得單買一檔價值股的風險過大，可以投資我們挑選的價值股組合，也能遠遠跑贏大盤。

　　上證指數從 2018 年 1 月 1 日到 2020 年 7 月 31 日的漲幅為 0.09％（見第 100 頁圖 3-2），幾乎沒有漲。滬深 300 指數從 2018 年 1 月 1 日到 2020 年 7 月 31 日的漲幅為 16.48％（見第 101 頁圖 3-3），如果採用定期定額的方式，可以取得更好的成績。

　　我建議大家，定期定額投資指數基金時，不要選擇追蹤上證指數的基金產品，因為其收益比較低。

　　以富國滬深 300 指數增強 A（100038）為例，回測在此期間定期定額投資的資料，如果按最終投入的總本金來計算，可獲得 30.5％的收

圖3-1　十點價值股30指數漲幅
　　　（2018年1月1日～2020年7月31日）

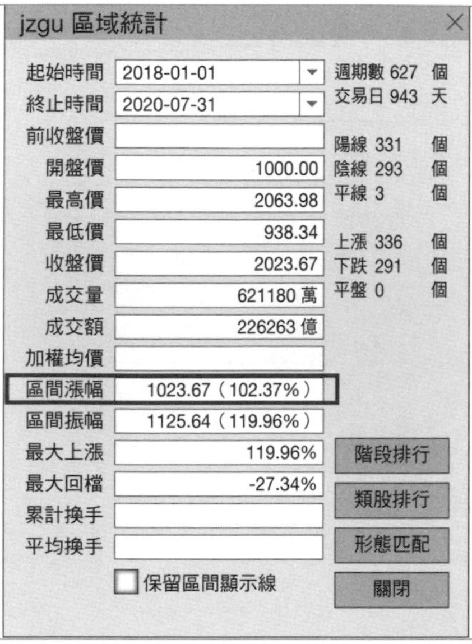

jzgu 區域統計		✕
起始時間	2018-01-01 ▾	週期數 627 個
終止時間	2020-07-31 ▾	交易日 943 天
前收盤價		陽線 331 個
開盤價	1000.00	陰線 293 個
最高價	2063.98	平線 3 個
最低價	938.34	上漲 336 個
收盤價	2023.67	下跌 291 個
成交量	621180 萬	平盤 0 個
成交額	226263 億	
加權均價		
區間漲幅	1023.67（102.37%）	
區間振幅	1125.64（119.96%）	
最大上漲	119.96%	階段排行
最大回檔	-27.34%	類股排行
累計換手		形態匹配
平均換手		
□ 保留區間顯示線		關閉

益。但事實上你是按每月 1,000 元分期投入，所以實際的獲利會超過
30.5％。由此可見，對普通投資者來說定期定額是最好的方式，可以非
常省心地獲得長期收益。

　　如前所述，我用 32 檔價值股編成的十點價值股 30 指數，在此期間
的漲幅是 102.37％，跑贏滬深 300 指數 85 個百分點，跑贏上證指數約
102 個百分點，成績相當突出（見第 101 頁圖 3-4）。

✚選錯一檔，對整體獲利有何影響？

　　可能會有人問，如果指數基金踩雷選錯一檔股票，整體的投資報酬
是否會大打折扣呢？

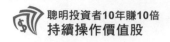
圖3-2 上證指數漲幅（2018年1月1日～2020年7月31日）

上證指數 區域統計			✕
起始時間	2018-01-01 ▼	週期數 627	個
終止時間	2020-07-31 ▼	交易日 943	天
前收盤價	3307.17		
開盤價	3314.03	陽線 341	個
最高價	3587.03	陰線 285	個
最低價	2440.91	平線 1	個
收盤價	3310.01	上漲 324	個
成交量	13143318 萬	下跌 303	個
成交額	1422983 億	平盤 0	個
加權均價			
區間漲幅	2.84（0.09%）		
區間振幅	1146.12（46.95%）		
最大上漲	41.70%	階段排行	
最大回檔	-31.95%	類股排行	
累計換手		形態匹配	
平均換手			
□ 保留區間顯示線		關閉	

　　根據我的計算，影響並不大，這就是買指數基金的好處。若加入前述因為財務詐欺而被剔除的股票，十點價值股30指數在此期間的漲幅將變為85.59%（見第102頁圖3-5），兩年半之內仍跑贏滬深300指數約70個百分點，跑贏上證指數85個百分點，優勢同樣很明顯。

　　換算成年化報酬率，包含爆雷股票的指數是28%，剔除該股後是32.5%，僅相差4.5個百分點，差距並不大。而且，我們發現有財務欺詐的情況後，馬上就將其剔除，所以實際損失還要更小一些。

圖3-3　滬深300指數漲幅（2018年1月1日～2020年7月31日）

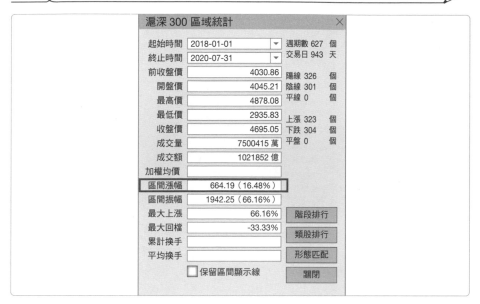

圖3-4　十點價值股30指數與上證指數、滬深300指數的走勢對比
　　　（2018年1月1日～2020年7月31日）

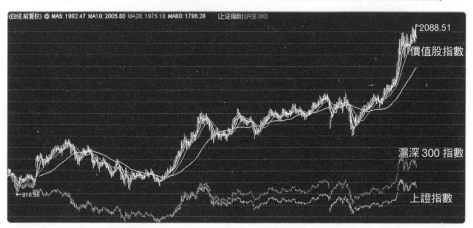

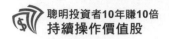
圖3-5　調整後的十點價值股30指數漲幅
　　　　（2018年1月1日～2020年7月31日）

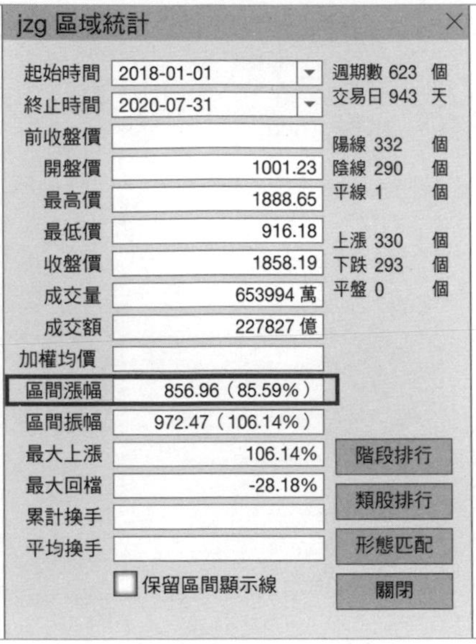

jzg 區域統計			✕
起始時間	2018-01-01 ▼	週期數 623	個
終止時間	2020-07-31 ▼	交易日 943	天
前收盤價		陽線 332	個
開盤價	1001.23	陰線 290	個
最高價	1888.65	平線 1	個
最低價	916.18	上漲 330	個
收盤價	1858.19	下跌 293	個
成交量	653994 萬	平盤 0	個
成交額	227827 億		
加權均價			
區間漲幅	856.96（85.59%）		
區間振幅	972.47（106.14%）		
最大上漲	106.14%	階段排行	
最大回檔	-28.18%	類股排行	
累計換手		形態匹配	
平均換手			
☐ 保留區間顯示線		關閉	

十 點 來 解 答

拾錦熊：

　　我是投資小白，如果只選一檔價值股，每個月都定期定額買一點點，這個計畫可行嗎？感覺這樣風險比較大，也可能踩雷，但如果覺得某檔價值股很好，計畫長期持有，嚴格執行定期定額投資，那麼收益肯定會比買基金高很多吧？

十點：

　　理論上可行，但是定期定額投資單一價值股的風險，來自你自己的選股。

3-2

真希望股價別漲！投入本金64萬，領到現金股利破千萬

　　前文分析工商銀行的配息情況，雖然它的配息已經很高且很穩定，但我不是很滿意。有沒有更好的公司，可以讓我們獲得更高的配息呢？有的，以下分析海螺水泥，其歷年配息為表 3-1（見第 104 頁）。

　　海螺水泥在 2002 年上市，2003 年開始配息，從每 10 股 0.5 元，上升到 2020 年的每 10 股 20 元，期間只有 2008 年中斷，其餘的每年 6 月都會發放現金股利。18 年中，海螺水泥的配息金額成長 40 倍。

　　假設你在 2002 年買進 10 萬股，當時的股價是 6.4 元，總投入 64 萬元。2010 年和 2011 年的兩次配股，讓你持有的 10 萬股變成 30 萬股，到了 2020 年，按照該年每 10 股 20 元的配息政策，你一共能獲得現金股利 60 萬元。也就是說，64 萬元的投入，在 2020 年 6 月份可以得到配息 60 萬元，現金殖利率為 93.75％（60 萬／64 萬）。

✚ 實例計算18年累計獲得的配息

　　18 年（2002 年到 2020 年）累計起來，總共可以獲得多少配息呢？計算如表 3-2（見第 105 頁）。可以看到，64 萬元本金在 18 年之後，已

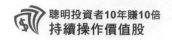

表3-1　海螺水泥歷年配息（2003年～2020年）

時間	配息政策	時間	配息政策
2020-06-18	每10股配20.00元	2011-06-16	每10股轉增5.00股配3.00元
2019-06-19	每10股配16.90元	2010-06-21	每10股轉增10.00股配3.50元
2018-06-20	每10股配12.00元	2009-06-24	每10股配3.00元
2017-06-21	每10股配5.00元	2007-06-26	每10股配2.00元
2016-06-22	每10股配4.30元	2006-07-06	每10股配0.70元
2015-06-19	每10股配6.50元	2006-03-02	每10股對價現金15.00元
2014-06-18	每10股配3.50元	2005-06-07	每10股配1.30元
2013-06-14	每10股配2.50元	2004-06-10	每10股配1.00元
2012-06-14	每10股配3.50元	2003-06-09	每10股配0.50元

經拿到262.1萬元現金股利。你捨得賣出這樣的好公司嗎？

　　理性的選擇是用當年的配息，繼續買進更多海螺水泥的股票。假如我們這樣做，現在的收益情況又是如何？見表3-3（見第106頁）。

　　如果將每一年的配息全部買進海螺水泥，加上配股，到了2020年會持有48.6萬股，當年會收到93.8萬元股利，持股市值約2,500萬元，這一切都源自64萬元的本金。

　　假設，不幸從2002年開始遇上持續18年的大熊市，股價持續下跌，如果每年下跌10％，跌到2019年，股價只剩下1.07元。在這種情況下，我們的收益情況見表3-4（見第107頁）。

　　由於股價下跌，我們可以買進更多股數，加上期間的配股，到了2020年，持有的總股數達到1,979萬股，當年配息高達1,243萬元。由此可見，對於這種穩定高配息的企業，股價下跌反而是有利的。

　　只投入64萬元本金，18年後，一年可獲得1,000多萬元的配息，

表3-2　海螺水泥歷年累計配息金額（2003 年～2020 年）

年份	每 10 股配息	股數	年度配息
2003	0.5	100,000	5,000
2004	1	100,000	10,000
2005	1.3	100,000	13,000
2006	15.7	100,000	157,000
2007	2	100,000	20,000
2009	3	100,000	30,000
2010	3.5	200,000	70,000
2011	3	300,000	90,000
2012	3.5	300,000	105,000
2013	2.5	300,000	75,000
2014	3.5	300,000	105,000
2015	6.5	300,000	195,000
2016	4.3	300,000	129,000
2017	5	300,000	150,000
2018	12	300,000	360,000
2019	16.9	300,000	507,000
2020	20	300,000	600,000
		總計	2,621,000

實在是暴賺的生意。下次遇到這種好公司，真心希望股價多跌一點，讓我用配息買進更便宜的籌碼。雖然現實中很少出現這樣的好事，但是市場有時候很慷慨，大家可以密切關注類似的機會，不要錯過。

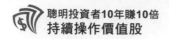
表3-3 海螺水泥配息再投資後的收益（2003年～2020年）

年份	每10股配息	股數	年度配息（元）	當年配息買進股數	累計股數
2003	0.5	100,000	5,000	781	100,781
2004	1	100,781	10,078	882	101,663
2005	1.3	101,663	13,216	1,616	103,279
2006	15.7	103,279	162,147	16,926	120,204
2007	2	120,204	24,041	801	121,006
2009	3	121,006	36,302	499	121,504
2010	3.5	121,504	42,526	853	122,357
2011	3	244,714	73,414	2,474	247,188
2012	3.5	370,781	129,774	8,292	379,074
2013	2.5	379,074	94,768	5,137	384,210
2014	3.5	384,210	134,474	7,929	392,139
2015	6.5	392,139	254,890	11,544	403,683
2016	4.3	403,683	173,584	10,151	413,834
2017	5	413,834	206,917	12,200	426,034
2018	12	426,034	511,241	17,431	443,465
2019	16.9	443,465	749,456	25,596	469,061
2020	20	469,061	938,123	17,119	486,180
		總計	3,559,951		

表3-4　假設股價持續下跌，海螺水泥的投資報酬
　　　　（2003 年～2020 年）

年份	每 10 股配息	股數	年度配息（元）	當年配息買進股數	累計股數
2003	0.5	100,000	5,000	781	100,781
2004	1	100,781	10,078	1,750	102,531
2005	1.3	102,531	13,329	2,571	105,102
2006	15.7	105,102	165,010	35,367	140,470
2007	2	140,470	28,094	6,691	147,160
2009	3	147,160	44,148	11,682	158,842
2010	3.5	158,842	55,595	16,346	175,188
2011	3	350,375	105,113	34,338	384,714
2012	3.5	577,070	201,975	73,312	650,383
2013	2.5	650,383	162,596	65,576	715,959
2014	3.5	715,959	250,586	112,293	828,251
2015	6.5	828,251	538,363	268,057	1,096,309
2016	4.3	1,096,309	471,413	260,802	1,357,111
2017	5	1,357,111	678,555	417,112	1,774,223
2018	12	1,774,223	2,129,068	1,454,167	3,228,390
2019	16.9	3,228,390	5,455,980	4,140,522	7,368,913
2020	20	7,368,913	14,737,825	12,427,200	19,796,112
		總計	25,052,726		

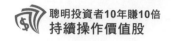

3-3

掌握1個原則和6個步驟，從選股到買賣的實戰紀錄

　　上一章已經介紹很多價值股的分析方法，這裡要進一步說明具體的操作策略。很多人不假思索就直接買進我篩選出的價值股，尤其是在價位很高的時候，這樣操作必然要忍受深套的煎熬。

　　我分析價值股的目的，是幫助大家蒐集整理公司資料，最後判斷該公司是否值得關注，而不是推薦股票，讓大家馬上買進。

　　買進與否要視每個人情況而定，如果你的預期收益很低，不怕大幅波動，那麼5～10年內任何時候都是買點。如果你害怕波動，帳面虧損10%就很痛苦，便應該等到股價處於極低位置再進場。

　　如果你充分理解這家公司，不是因為別人的意見才買進，就不會懼怕任何波動和風險，只會在股價下跌時持續買進。如果你今天看了一篇文章就買進，明天看了一篇文章就賣出，那麼永遠也賺不到錢，因為那是別人的認知，不屬於你自己的能力範圍，即使靠運氣賺到錢，最終還是會靠運氣虧掉。

　　我的目的是幫助大家，從大量的上市公司之中縮小範圍，提高獲利機率，同時也是幫大家節約時間和精力，爭取從幾十檔價值股中理解1～2家公司，從中賺到的錢足夠安度一生，不要貪心。

2018 年到 2021 年，我總共分析過 33 檔價值股，你可以從中進一步縮小範圍，重點關注 5～10 檔，再從中輪換操作 1～2 檔。操作的大原則是：股價低估時分批買進，高估時分批賣出。具體上分成以下 6 個步驟。

關於選股：

第一步：從自身能力出發來選擇公司。沒有人能了解全部的行業和公司，一定要實事求是，知之為知之，不知為不知。選擇自己能理解的行業，找出相應的價值股，閱讀該公司和行業的資料，理解其商業模式。這個步驟是後續成功的保障，也是能否抱住股票的基礎。（選出特別關注的股票後，也可以先買進 100 股，因為人往往在真的花錢買進後，才會真心關注。）

關於買進：

第二步：當股價淨值比低於歷史平均，完成第一筆買進操作，一般占計畫總投入資金的 10% 以下。如果市場大環境過熱，比例也可以更低。歷史股價淨值比可以到金融資訊類的網站查詢。

第三步：如果股價進一步下跌，可以選在每次股價創新低時，繼續用 10% 左右的資金買進，以此類推，直到用完 100% 資金。大量實踐證明：價值股買進後持續下跌，是對投資者最有利的情況，因為你可以買到更多廉價籌碼，使未來的收益更多。相反地，如果價值股在買進之後就獲利，則可能只會賺到蠅頭小利。

第四步：如果股價繼續下跌，而你的資金也用完，就可以賣出其他相對高估的股票，用所得資金繼續買進這檔極低估值的價值股，以取得更高的未來潛在收益。

關於賣出：

第五步：等股價上漲到股價淨值比接近歷史平均時，先賣出 50% 以上的持倉。

第六步：如果股價持續上漲，可以在每次股價創新高時賣出 10%

持倉，直到賣完。用這種方式賣股，可以確保每次賣出的價格都比上一次高。

✛從實例來看操作訣竅

接下來看一個案例。我從 2018 年開始關注「分眾傳媒」。我熟悉廣告行業和互聯網行業，對分眾傳媒的商業模式有深入的理解。同時，我多年參與自己社區的業委會（注：由大樓業主成立的委員會，主要功能是協助各戶業主與物業管理公司之間的溝通），經常與本地最大的物業公司溝通，因此知道該公司能簽下電梯廣告，實在很不容易。

另外，我很認同分眾傳媒創始人江南春的人品，他有格局，雖然走過彎路，但會反省自己。總結以上理由，我斷定這家公司不會有大問題。

但是，分眾傳媒在 2018 年面臨雙重壓力，新傳媒的競爭和廣告業的不景氣，使該公司的業績大跌，股價也一落千丈。2018 年 9 月中旬，分眾傳媒的股價淨值比跌到 8.6，大幅低於歷史平均值（11.37），於是我買進第一批 10% 左右的倉位（見圖 3-6），當時對應的股價如圖 3-7 所示。

我知道當時不可能是股價最低點，我也不可能買到最低點，但是這個價格肯定不貴，因此先買入一成倉位。果然，分眾傳媒繼續下跌，讓我有點驚喜，因為可以買到更便宜的籌碼。之後，我在每次股價創新低的大致位置，各買進 10% 左右的倉位，如圖 3-8（見第 112 頁）所示。

每當股價創新低，當天也正好有空，我就會打開交易軟體，直接按市價委託交易，成交後關閉軟體，等待下一次機會，從來不預測股價接下來是上漲或下跌。

這裡要特別注意，不要為了幾塊錢，甚至零點幾元，而錯過成交機會。你必須完成當天的交易計畫，否則會後悔，從而破壞自己的心態，以至於漲上去了才追高，下跌途中又受不了虧損壓力而停損。這樣反反

圖3-6　分眾傳媒股價淨值比走勢圖（2016 年 6 月～2020 年 12 月）

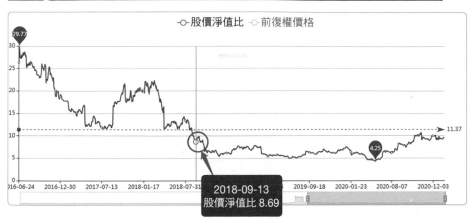

圖3-7　分眾傳媒股價走勢圖（2016 年 6 月～2020 年 12 月）

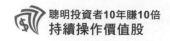
圖3-8 分批買進分眾傳媒的時機點（2016年6月～2020年12月）

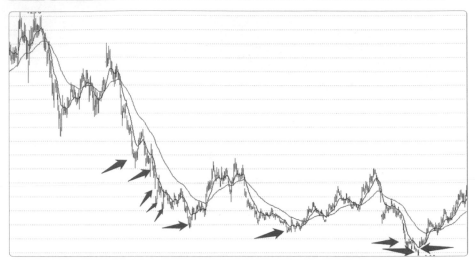

覆覆的錯誤交易，都是為了計較小錢而錯過成交機會所導致，是典型的
因小失大。

有些人為了等到當天的理想價位而時刻盯盤，更是浪費時間。甚至
有人在股價快速下跌時，因為一直盯著盤面而過度緊張，最後錯過在低
位進場的時機。為避免這類失誤，我們要遵循的原則是：這筆交易一定
要比自己上一筆買進的價格便宜，至於便宜多少，就看個人執行交易的
即時價格。

建倉完畢時，我的平均成本約是 5.2 元，距離 2020 年 4 月 13 日的
最低價 3.78 元，大約滿倉深套 30％，但是我一點也不擔心。如果股價
進一步下跌，我還會動用賣出另一檔股票的獲利，繼續買進分眾傳媒。

2020 年 4 月 13 日，一些有內幕消息的人開始瘋狂拋售，分眾傳媒
被砸出歷史最低價。結果呢？這些人賣在地板價，他們貌似提前拿到業
績大跌的內幕消息，實質是成為價值投資者割韭菜的對象。所以，不要
羨慕那些有內幕消息的人，這些消息不但讓他們虧錢，還讓他們面臨牢

圖3-9　分眾傳媒發布 2020 年第一季業績

> 04/14 19:10
>
> **分眾傳媒：2020 年 Q1 淨利潤同比下降 87.66%**
>
> 04/14 15:59
>
> **分眾傳媒：預計一季度淨利 2800 萬～ 4200 萬元，同比下降 87.66%**
>
> 04/14 15:50

獄之災的風險。

2020 年 4 月 14 日，分眾傳媒果然發布重大利空消息（見圖 3-9）。看到這種消息，一般人的決策肯定不是買進，而是大筆賣出。現在回過頭看，如果你反其道而行之，在分眾傳媒業績最低迷的時候選擇買進，之後將獲得 150％以上的報酬率。

2020 年 4 月份，分眾傳媒已經是我持倉量最大的價值股。之後股價沒有再創新低，所以我沒有再買進。我非常確信 2020 年 4 月 13 日的股價肯定處於低估區，但無法預知接下來會漲多少。誰也想不到，在疫情肆虐的 2020 年，分眾傳媒身處衝擊強烈的廣告行業，竟能有如此大的股價漲幅，再次驗證「利空出盡就是利多」。

關於賣出條件，我有一個準則：若股價不回歸合理區，我一股都不會賣出。因此，直到分眾傳媒的股價淨值比回歸到歷史平均水準附近，我才第一次賣出 60％的持倉（見第 114 頁圖 3-10），並把大部分獲利配置到當時被低估的標的，然後再次耐心等待，賺取低風險的報酬，無視那些股價漲飛天的熱門股。

持有到 2020 年 11 月，分眾傳媒的股價淨值比已經接近歷史平均水準。但是第四季的業績預期還未公布，再加上國內廣告市場恢復和新傳

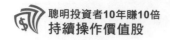
圖3-10 賣出分眾傳媒的時機點

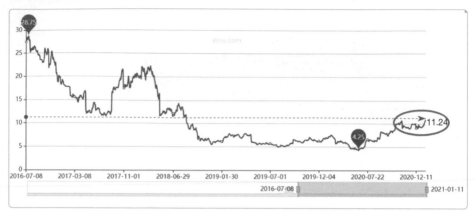

媒競爭退去，各種利多蜂擁而至，且未充分反映在股價上，所以可以繼續持有。

截至 2021 年 1 月，我持有的分眾傳媒已經賣出六成以上。從 2018 年 9 月到 2021 年 1 月的兩年 3 個月，我取得 110％的整體報酬率，年化報酬率約為 40％，已經令我非常滿意。

然而，從 2018 年 9 月買進分眾傳媒，持有到 2020 年 4 月，在這長達一年半的時間裡，我都是虧損 30％。如果只看那一年的報酬率，你也許會崩潰，也許會賣掉分眾傳媒，改買熱門股，但這樣一來，結果很可能落得兩頭空。

做股票不是買債券，更不是存款，別以為每天或每年都應該有正收益。這兩年漲漲跌跌，錯過許多價格翻倍甚至幾十倍的股票，我從來不覺得可惜，因為那些錢在我的能力圈之外，賺到了反而會擔心，因為會刺激我下次再去冒險賺能力圈外的錢，而陷入萬劫不復的境地。

要記得，投資切莫貪心，如果什麼錢都想賺，最後會是竹籃打水一場空。

3-4

當股價的修正期很長，怎麼買能直接參與上漲行情？

　　有時候，價值股的修正期會很長，很多急性子的人等不到修正結束就拋售，放棄後面長期上漲的大波段利潤。那麼，有沒有可能避開修正，直接參與上漲行情呢？這一節將探討一種方法，供大家參考。但是要提醒，這種方法只可以用少量資金來嘗試，大部分的資金仍要遵循長期持有的原則操作。

　　關注我的微信公眾號 3 年以上的老粉絲，也許還記得我曾介紹朋友 W 的故事。他是短線波段交易的高手，曾經用創新高買進的波段交易策略，在牛市中大賺特賺。

✛用價值股的觀點，操作創新高買進

　　這一節我要介紹的方法，有點類似創新高買進，差別在於我的方法是針對價值股做操作，不像 W 的方法只看技術分析，完全不看基本面和公司業績（有些公司的技術突破是假象，甚至是莊家的把戲）。

　　以下用片仔這檔股票為例來說明。從 2015 年 6 月到 2017 年 11 月長達兩年半的時間，片仔的股價不斷震盪，在圖 3-11（見第 116 頁）的

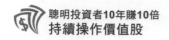
圖3-11 片仔股價走勢中的新高和回檔（2015年6月～2017年11月）

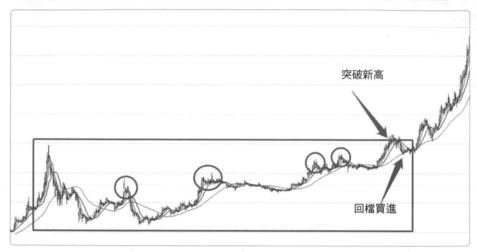

4個畫圈位置都無法突破前期高點，直到2017年11月，股價才有效突破，接著出現回檔，此時就是建倉的良機。之後股價一路高歌猛進，在6個月內漲了80%。

2020年3月，片仔又出現類似情形，從2018年5月到2020年2月，該股經歷長達21個月的橫盤震盪，最後在2020年2月第一次創出新高，然後出現回檔，是非常好的建倉時機（見圖3-12）。隨後股價一路上漲，截至2021年8月的高點，在一年半之內上漲兩倍之多。

這種創新高買進策略的市場意義是什麼呢？

一檔股票能夠創新高，代表市場整體看好，大家都在持續買進。股價創新高後，前期買進的人都賺錢了，大家為了賺更多錢，通常不會輕易拋出，加上賺錢效應會吸引更多資金進場。如此一來，市場的多空平衡會被打破，朝著多方傾斜，買進的人越來越多，賣出的人越來越少，於是股價持續上漲。

上漲到一定程度，有些人想入袋為安，有些人覺得公司業績的成長

圖3-12 片仔股價走勢中的新高和回檔（2018年5月～2020年2月）

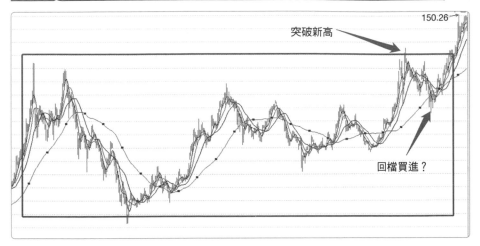

趕不上股價漲幅，也就是股價來到價值投資者眼中的高估區，所以越來越多人拋售，直到買進的量少於拋售的量，股價就開始下跌。

　　然而，由於這些股票是價值股、好公司，當股價下跌，價值投資者就會買進，所以很難跌得太多。另一方面，由於獲利盤比較豐厚，所以一漲到前期高點附近，馬上又會有人拋售，導致一個漫長的橫盤震盪期，直到股價再次創出新高。

　　再來看幾個價值股的案例。

　　1. 東方雨虹：在 2020 年 7 月～2021 年 1 月（見第 118 頁圖 3-13），經歷長達半年的震盪期。

　　2. 洋河股份：在 2018 年 1 月～2020 年 7 月（見第 118 頁圖 3-14），經歷長達兩年半的震盪期。

　　3. 貴州茅台：這檔股票就更明顯（見第 119 頁圖 3-15），歷史上的每一次上漲，都是一階一階地完成。

圖3-13 東方雨虹股價走勢中的新高和回檔

圖3-14 洋河股份股價走勢中的新高和回檔

圖3-15 貴州茅台股價走勢中的新高和回檔

對優秀的價值股來說，每隔幾年就會出現這種機會，如果你是沒有耐心長期持股的人，可以善加利用，只是要小心長期的高估風險。一般求穩的價值投資者，會在股價下跌時買進，在估值回歸合理區時賣出，也就是說，很可能在股價出現新高的時候賣出。這樣賺的是從低估到回歸合理價的價差，風險最低，壞處是需要忍受長時間的震盪期。

以上海機場為例（見第 120 頁圖 3-16），在這波因疫情而起的股價修正期間，如果在創新高後的回檔位置買進，持有兩年多還是虧損18％；如果用一般的價值投資法在低估位置買進，則幾乎是不虧不賺。所以，從風險控制的角度來看，運用創新高買進法的風險，肯定大於一般的低估買進方式。

總之，別人的方法都是僅供學習和參考，你需要找到自己能理解和執行的交易方法，並且不斷地加以完善，才會形成真正屬於自己的獲利交易系統。

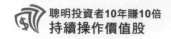

圖3-16 上海機場股價走勢中的新高和回檔

　　最後要強調，不要花太多的時間研究這些方法，稍作嘗試即可，因為對普通投資者來說，最好的方法依然是定期定額投資指數基金。在市場低估時開始定期定額投資，在特別高估時果斷停止，甚至賣出，才能在長期穩定獲利的同時，有更多時間做好本業工作，獲得更多現金收入，回歸家庭、享受美好生活。

3-5

運用「創新低分批買進法」，避免長抱價值股卻虧損

　　這一節要透過複盤投資中集集團的整個過程，說明避免價值股虧損的有效方法。圖 3-17（見第 122 頁）是中集集團在 2018 年 3 月～2019 年 4 月的股價走勢。

　　當時中集集團已經從高位下跌 20％，如果從 2015 年的高點來算，已經跌了 50％。出人意料地，之後中集集團又一路狂跌 45％，也就是說，假如在 2018 年 3 月買進，持有到半年後的 10 月，帳面虧損將超過 45％。再之後的半年，中集集團反彈 70％，距離一年前（2018 年 3 月）的成本價還差 15％就能解套。

　　然而，讓人更崩潰的事情發生了，眼看就要回本，市場卻調頭向下，而且跌破前期低點，從2019年4月跌到2020年5月（見第122頁圖3-18）。持股兩年多，還是深套50％以上，絕對是令人崩潰的局面。

✛持有價值股 2 年多卻虧損一半以上，怎麼辦？

　　如果在 2018 年 3 月 9 日買進，持有到 2020 年 5 月 27 日，累計虧損將達到 55.78％。也就是說，買進所謂的價值股，長期持有兩年多，

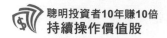
圖3-17 中集集團股價走勢（2018年3月～2019年4月）

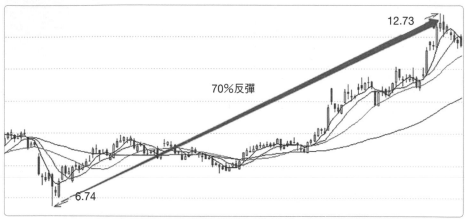

圖3-18 中集集團股價走勢（2019年4月～2020年5月）

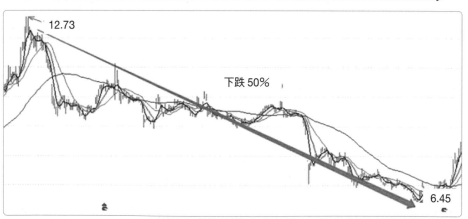

竟然還虧損一半以上，我想一般人都會懷疑價值投資的可行性，甚至開始懷疑人生。但是，這就是赤裸裸的現實，也是市場的風險所在。

　　雪上加霜的是，此時正逢 2020 年全球新冠疫情，中集集團的業務幾乎停滯，市場前景一片黑暗，有些人看著中集集團持續虧損，開始擔心這家公司會不會倒閉下市。

　　如果你不想出場，還想繼續堅持看好中集集團，除了要有強大的內心，最重要的是深刻了解中集集團所處行業的週期性特點，以及公司的商業模式。即便如此，繼續持有到 2020 年 11 月，你還是虧損 16.07%（見圖 3-19）。

圖3-19 中集集團區間漲幅（2018年3月9日～2020年11月2日）

中集集團 區域統計（復權）		✕
起始時間 2018-03-09 ▼	週期數 639	個
終止時間 2020-11-02 ▼	交易日 970	天
前收盤價 15.31	陽線 287	個
開盤價 15.29	陰線 329	個
最高價 15.35	平線 23	個
最低價 6.73	上漲 311	個
收盤價 12.85	下跌 311	個
成交量 62011685	平盤 17	個
成交額 705.4 億		
加權均價 11.376		
區間漲幅 -2.46（-16.07%）		
區間振幅 8.62（128.08%）		
最大上漲 92.87%	階段排行	
最大回檔 -56.16%	類股排行	
累計換手 448.48%	形態匹配	
平均換手 0.70%		
☐ 保留區間顯示線	關閉	

　　看完以上的投資過程，我們會發現，光是選擇好公司並不夠，還要選擇好價格，否則很容易像這樣持有將近 3 年卻依然虧損，一旦無法忍受長期損失的壓力，最後很可能虧錢出場，即使投資價值股也沒辦法賺到錢。

　　但是，普通投資者很難判斷什麼樣的價格才是好價格，該怎麼辦呢？可以用以下介紹的「創新低分批買進法」，來避免買進價值股之後長期虧損的風險。

　　重新回顧中集集團的投資過程，如果不是一次性投入，而是分批投入，那麼情況就完全不一樣（見圖 3-20）。

　　舉例來說，在股價每次創出新低時買進 1 萬元（如果資金有限，一次買進 1,000 元也可以，只要夠買 100 股以上即可），累計下來的總持倉成本會比一次性投入更低，粗略估算，最少可以降低一半。這種建倉方法操作起來相當簡單，也能讓你的持股心態更輕鬆。

　　按照 2018 年 3 月 9 日的一次性買進成本 15 元計算，創新低分次投入的成本會降低一半，就是 7.5 元。截至 2020 年 11 月，中集集團的股價是 12.85 元，那麼總報酬率計算如下。

總報酬率＝（12.85–7.5）÷7.5×100％ =71.33％

　　使用創新低分批買進法投資價值股，持有 2 年 8 個月的總報酬率從虧損 16％，變成獲利 71.33％，跑贏一次性買進法 87 個百分點。按照 71.33％計算，年化報酬率是 22.5％，遠超過銀行理財產品和定期定額投資指數基金的收益。

　　重點是，你能做到在股價大幅下跌時，還雲淡風輕地繼續買進嗎？很多人未必能做到。所以，普通人要把精力放在本業工作上，然後堅持長期定期定額投資指數基金，享受穩定的幸福人生。

圖3-20 分批買進中集集團（2018 年 3 月～2020 年 11 月）

再論價值投資兩步驟

我總結投資價值股的兩個步驟。

第一步：選出自己能夠理解、確認 5 年內不會倒閉的價值股，買進 100 股作為底倉。只有持有股票，你才會真正用心去關注這家公司。

第二步：如果出現大幅下跌，股價創出新低，就果斷加倉。加倉資金因人而異，最多不超過計畫總投入資金的 10%。假設你預計一共投入 10 萬元，每次加倉的幅度就不超過 1 萬元。

該什麼時候賣出呢？

如果公司長期看好，可以永久持有。如果出現高估訊號，可以適當減倉，甚至清倉。具體上什麼時候是高估，需要投資者不斷深入研究所持有的公司，持續提升認知，我也還在學習中。

總之，不要期望買在最低點、賣在最高點，一般價值股至少要持有 2～3 年，甚至要 5 年、10 年才能收割。當然，你也可以像買進的時候一樣分批賣出。

當你持有一檔股票 1～2 年，卻還是虧損時，只要你對投資的公司有深入了解，堅信其內在價值，就可以將眼前的虧損視為提供更多廉價

籌碼的機會，於是你的心態會好很多。

我們必須接受這個事實：股票不是存款，更不是債券，它的收益不會每日線性增加。當我持有分眾傳媒快要兩年時，帳面虧損將近30%，但是我一點也不擔心，反而很高興，因為可以用更低的價格買進更多籌碼，最後我取得的獲利證明先前的判斷正確。

十 點 來 解 答

網友李某某：

拜讀十點老師的文章，讓我不斷堅定信心，忽略短期波動。我現在背負房貸 150 萬元，工作收入穩定，住房公積金足以支付月還款額，近 3 年存了現金約 30 萬元，想請問這 30 萬元應該用來提前償還部分房貸，還是用來定期定額買基金呢？

十點：

毫無疑問，建議定期定額買基金。只要房貸利率低於基金的平均年化報酬率，就不建議提前還款。

>>

祥雲：

投資者還要克服早買早獲利的錯誤心理，在股市裡，早買反而可能虧損更多。

十點：

這句話很有道理，這也是大部分散戶常有的錯誤心理，總是想要早點滿倉。

>>

人間四月天：

　　老師，我有一個問題，股票創新低後繼續補倉，如果之後漲上去，但是仍看好這家公司，就不能再加倉嗎？

十點：

　　當然可以，但這種操作的難度會更大，因為成本會不斷變高，一旦股價下跌，就很容易從獲利變虧損，原本堅定持有的內心更容易崩潰。

>>>

Alexander：

　　我今年 29 歲，馬上就要 30 歲，正在為存下第一桶金努力。以前我每天過著沒有目標的日子，現在我的目標是努力增加收入，透過白天上班，晚上兼職，每個月定期定額投資基金，來改善家人和自己的生活。

　　小時候，我以為長大就能過夢想的生活，但現實的經濟壓力壓垮一切理想。我還沒有看到希望，因為才剛開始投資不到兩個月，但是我選擇相信希望的存在。

　　我的家人不相信，朋友更是嘲笑我，他們認為投資股票不可能賺錢。十點老師說要改變觀念，擁抱正確的價值投資方法。現在，我在眾多「不相信」的聲音中，堅持開始做定期定額。

　　如果可以快速致富，沒有人願意慢慢來，我也是一樣。但是，在我所學的知識和觀念裡，找不到其他更好、更快的方法能讓我賺到 100 萬，所以我相信，好好工作賺錢、好好學習，持續定期定額買基金，一定能在 10 年內存下第一桶金。

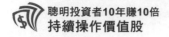
十點：

　　當你做了正確的事情，內心會非常篤定，不需要在意別人相不相信。當別人在不知不覺中，與你的差距越來越大時，他們就不會再懷疑，而是會羨慕你。當然，這並不重要，重要的是你和家人的生活會越來越美好。除了兼職賺錢之外，別忘記要不斷學習，提升自己的認知，這才是持續增加收入的重要手段。

3-6

帳戶從盈轉虧時，如何判斷該賣出停損、不動或加倉？

　　2021 年上半年，很多朋友的股票帳戶轉盈為虧，他們心裡肯定後悔：「為什麼沒早點賣出，現在買進該有多好啊！」每當股價下跌，就會有人產生這種想法，會這樣想其實很正常，但是想想就好，千萬不要當真。如果你用這種想法操作，恐怕會犯下大錯。

　　有些人追求高賣低買一、二十年，最後不但沒有做到，反而快把本金虧完，這是市場對貪婪者的懲罰。

　　這一節我們要討論：帳戶從獲利變成虧損之後，該怎麼操作？要賣出停損、打死不賣，還是加倉？我們來看兩種情況。

　　第一種情況：你買的是垃圾公司、概念股，就只能自食苦果，因為投機的結局是走向極端，而且大部分投資者都會滑向虧損的那端。所以，在選擇投資方式之前，你要好好考慮自己想過什麼樣的生活，如果你只想做個正常人，穩穩過日子，就不要去投機。

　　第二種情況：你買的是好公司、價值股。例如洋河股份（見第 130 頁圖 3-21）。

　　洋河股份在 2014 年、2015 年、2016 年、2017 年一共上漲 289%，假設你判斷錯誤或誤信別人的意見，不幸在 2018 年 1 月的階段性高點

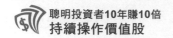
圖3-21 洋河股份股價日線圖

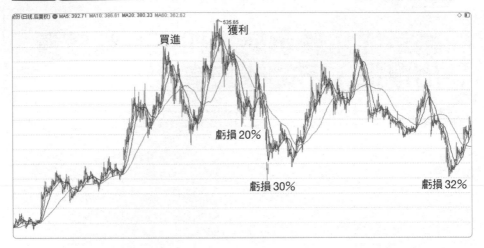

買進,然後洋河股份進入長達兩年的修正期。

持有到 2018 年 6 月,此時帳面獲利 15%,但市場隨即進入下跌通道,使你接連虧損 20%、30%。最終持有到 2020 年 3 月,疫情爆發影響餐飲企業,也降低白酒的消費需求,此時你的帳面虧損達到 32%。持有一檔股票 2 年 2 個月,竟然虧損 32%,真的讓人好絕望。

再假設,你的朋友同樣在 2018 年 1 月買進洋河股份,但他在 2018 年 6 月賣掉清倉,賺了 15%。後來 2018 年的市場很熊,他很保守,因此賣出後一直維持空倉。

✚確定公司好、錢沒急用,就繼續抱股

你知道洋河股份是好公司,股價遲早會漲回來,而且投入的資金沒有急用(可見用閒錢投資的重要性),於是決定繼續抱著。你持有到 2021 年年初,洋河股份的股價走勢見圖 3-22。

從 2018 年 1 月持有到 2021 年 1 月,3 年獲利 80%,遠高於你朋友

圖3-22 洋河股份股價走勢

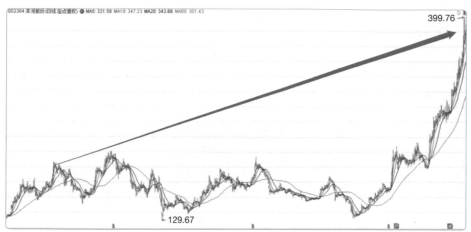

的 15%。但你還是沒賣出，持有到 2021 年 3 月，獲利又回吐不少，帳面獲利只剩下 31%，這時候該不該賣呢？

這時候你應該問自己：賣出股票後，資金要投資哪裡？有更好、更有把握的投資方向嗎？如果沒有，就應該繼續持有。你只要優化買進方式，肯定能賺更多。

假如我們在圖 3-23（見第 132 頁）的幾個深套區域，分別補一些倉位，平均持倉成本可以降低 20%，持有到 2021 年 1 月，總獲利能達到 110%，比一次性買進多賺 30 個百分點。

持有到 2021 年 3 月，獲利 60%。按照 3 年 60% 報酬率粗略計算，年化報酬率為 20%，成績相當不錯。這時市場又到達相對低位，如果持續分批買進，未來的年化報酬率會更高。

由此可見，如果你持有的是好公司，請忘記暫時的帳面虧損，那只是數字波動，沒什麼好害怕。而且，你若還有閒錢，應該趁股價便宜時繼續買進，不斷累積更多廉價籌碼。這樣操作之後，虧損的時間越長，將來會賺得越多。

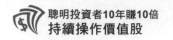
圖3-23 洋河股份股價走勢（在深套區域補倉）

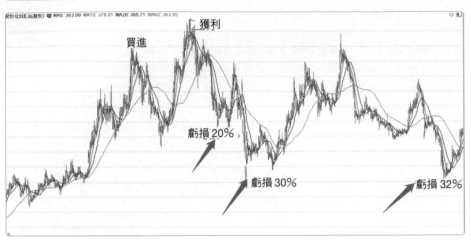

十點來解答

網友張某某：

　　十點老師，假設大盤經過一段時間修正，手中持有的低估股票幾乎沒漲，之後大盤行情啟動時，其他白馬股上漲得很快，但自己持有的低估股票還是不漲，該怎麼辦？有沒有可能 3～5 年後，現在高估的白馬股又創新高，低估的股票還是沒漲？

十點：

　　白馬股持續創新高，是一定會出現的情況。低估股票 3～5 年沒上漲的機率不大，但不能説完全沒有可能。

3-7

切記！價值投資的目標：
買到能永遠持有的股票

　　蒙格曾說：「買到低估的股票以後，總要想著什麼時候到了自己計算的內在價值附近，就得賣出去，這挺費勁的。不如精心找幾家優秀公司，買下來以後什麼都不用做，多輕鬆。」

　　巴菲特補充說：「我們希望買到能永遠持有的股票。」

　　仔細品讀上面兩段話，真的很有道理。幾乎所有散戶在進入股市之初，都期望做到連股神也做不到的事：高賣低買，也就是買在最低點，賣在最高點。他們只要做不到就不開心，偶爾憑運氣做到一次，就欣喜若狂。

　　但是，普通散戶在 99.9％的時間裡做不到高賣低買，所以他們自從進入股市後，就一直不開心。如果他們可以不看盤，生活會快樂許多。投資其實是一件很快樂的事，因為放棄盯盤後，投資帶給你的成就感是實實在在的。

　　巴菲特早年學習老師葛拉漢（Benjamin Graham）的「撿煙蒂投資法」，就是買進極低估值的公司，等股價回歸價值之後賣出。但是，這樣的公司數量有限，而且在煙蒂公司的地板價下面，還有更低的地獄價，巴菲特收購的波克夏·海瑟威就是典型案例，買進後就砸在手裡，

但他後來還是把波克夏‧海瑟威從一家沒落的紡織企業，轉型成偉大的投資集團。

✛從師承葛拉漢到學習費雪

後來，在蒙格的勸說下，巴菲特開始學習費雪（Philip Fisher）的投資方法，以合理價格甚至高估價格買進好公司，然後長期持有，最好是永遠持有。如果沒用這個方法，巴菲特不可能擁有現在的資產規模和投資成績，因此他多次表明：「如果沒有蒙格，我肯定沒那麼富裕。」

巴菲特曾有一名同事叫施洛斯（Walter Schloss），這位老人家只有高中學歷，也不善言辭，所以選擇完全遵循葛拉漢的投資法，幾十年來業績非常好。他只有 8、9 個客戶，替他們管了一輩子的錢，扣除給施洛斯的抽成後，客戶的年化報酬率是 15%，扣除抽成前是 20%。但是，施洛斯管理的資產規模沒怎麼擴大，到 2002 年清盤時，基金總規模只有 1 億美元。

因為施洛斯的基金每年都配息，所以沒有複利增長。他的客戶不是不想賺更多，而是以施洛斯的投資模式，即使吸收更多資金，也沒辦法投資出去。這也是巴菲特後來拋棄葛拉漢方法，轉用費雪方法的主因。在 1960 年代，巴菲特已經擁有 2,500 萬美元的個人資產，當時根本找不到那麼多煙蒂公司可以投資。

巴菲特大部分的財富，都是依靠長期持有好公司獲得，例如：時思糖果、可口可樂、內布拉斯加家具商城、富國銀行、美國運通等。巴菲特不需要自己工作，只要確保這些公司正常營運，長期為他賺錢。採用這種方法，不需要經常糾結該買進什麼標的、什麼時候要賣出。

找到好公司確實不容易，但是好公司真的存在，長期持有的收益絕對不會低。A 股市場也有許多好公司，我在微信公眾號上分析 30 多家，其中 90%以上值得持有一輩子。這些公司在未來 10～20 年倒閉的機率

趨近於零，甚至在未來 50 年倒閉的機率也是極小。哪怕今年你只有 20 歲，買進這些公司，讓它們替你工作到退休，再靠這些公司給你的配息過生活，可以過得很寬裕。

| 十 | 點 | 來 | 解 | 答 |

網友王某某：

　　要是買銀行股，獲利可能沒那麼多吧？

十點：

　　先不要說獲利多少，你做短線炒股賺錢了嗎？如果有賺錢，獲利超過銀行的理財產品嗎？以工商銀行來說，如果你在 2006 年上市時買進，持有到 2020 年，總報酬是 137.35％，年化報酬率是 6.30％。在這 15 年當中，有多少散戶炒股可以賺這麼多錢？

NOTE   /   /   /

NOTE   /   /   /

第 **4** 章

破除散戶慣性，
實踐價值投資10年
賺10倍！

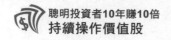
4-1

低買高賣一定獲利？「十點價值股30指數」回測證實……

「十點價值股 30 指數」是由 32 檔不受經濟週期影響、長期看好的價值股所組成。透過回顧歷史報酬率，我發現這個指數的回測成績令人難以置信。雖然這是從後照鏡裡看未來（注：巴菲特曾用「看著後照鏡開車」形容技術分析派，意指從過去事件預測未來），但也有一定的參考價值。

以下兩種情況比較長期持有和高賣低買的成果，請大家認真看完我用真金白銀得出的經驗。

第一種情況，模擬投入 100 萬元資金 ，買股持有。

我於 2020 年 8 月 24 日用 100 萬元模擬資金，按照當天的即時價格買進 30 檔價值股，持有 4 個月後取得 15.24％的績效（截至 2020 年 12 月 28 日收盤價），期間沒有多花一點精力。

同期的十點價值股 30 指數漲幅是 15.38％，與我用模擬資金買進的股票組合，只相差 0.14 個百分點。另外，同期的上證指數漲幅才 0.49％，十點價值股 30 指數歷時 4 個月就跑贏大盤將近 15 個百分點，可說是表現很不錯。

同期的滬深 300 指數上漲 7.32％，但沒有十點價值股 30 指數的上

漲幅度大（足足跑贏滬深 300 指數 8 個百分點）。我們可以繼續觀察 4
年、10 年後，這個指數會跑贏大盤多少？或是跑輸大盤多少？希望用
時間證明，我們從後照鏡看到的結論是否有效。

第二種情況，真實投入 100 萬元資金，高賣低買。

我在 2020 年 10 月開一個帳戶，存入 100 萬元資金，準備用於測試
「低估值股＋高賣低買」策略的收益情況，圖 4-1 是資金轉入時間。

我買進兩、三檔價格低估的價值股，期間做了多次高賣低買操作，
一週交易一、兩次，花費一定的精力，但不算頻繁交易。表 4-1（見第
142 頁）是最近的一筆高賣低買操作，每股價差可達到 10 元左右，算
是成功的操作。事實上，2020 年 10 月 21 日以後的幾次高賣低買，都
是成功的操作，但還是沒跑贏長期持有的策略。

我相信自己的操盤能力不會比普通投資者差，畢竟我是做短線交易
起家。結果，我的總倉位報酬率是 2.1％，落後於同期滬深 300 指數的
5.65％。

這個實盤操作的成績，相較於同期的十點價值股 30 指數，顯得更
是遜色。2020 年 10 月 21 日至 12 月 28 日，十點價值股 30 指數上漲
9.51％，跑贏實盤操作組合 7.41 個百分點，真的是完勝。

圖4-1　中信存管兩次資金操作時間

日期	2020-9-1 ▼	至	2020-10-29 ▼	查詢	

轉帳日期 ↓	轉帳時間	銀行名稱	操作	發生金額
2020-10-21	09:42:22	中信存管	銀行轉證券	500000.00
2020-10-20	09:25:17	中信存管	銀行轉證券	500000.00

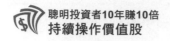
表4-1。 2020年12月買賣操作情況

委託日期	委託時間	證券代碼	證券名稱 ↓	委託方向
2020-12-15	14:44:54			證券買進
2020-12-22	13:21:59			證券賣出
2020-12-22	10:22:50			證券賣出
2020-12-21	10:21:30			證券賣出
2020-12-21	09:37:45			證券賣出

委託數量	委託狀態	委託價格	成交數量	成交金額
1500	已成	77.080	1500	115619.000
500	已成	87.100	500	43550.000
500	已成	85.250	500	42625.000
500	已報	82.200	0	0.000
500	已成	81.400	500	40700.000

+用實測確認長期持股的效果

對於價值投資來說，幾個月的測試時間短了一點，但仍然可以說明以下事實：

・即便你用心研究、操作，希望透過高賣低買獲取超額報酬，最終結果往往會讓你失望。

・相反地，不花一點精力，按照既定規則無腦買進後長期持有，報酬率會大大超出你的預期。

　　這就是股市的現實，勤勞往往不能讓我們致富，還很可能會致貧。我用這個 100 萬元的真實帳戶做測試，不是要證明我自己，而是要用真實經歷和事實，說服大家走上正確的投資道路。

　　這 100 萬元資金只要能賺到銀行理財產品的同期報酬率，我就滿足了。當然，我傾盡全力去操作，絕不會故意輸給十點價值股 30 指數，畢竟誰會跟錢過不去呢？

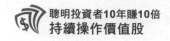

4-2
長期能跑贏指數基金，是因為在低估區間買進

　　我曾回測持有中國巨石 10 年（2010 年～2020 年），在 2010 年年初第一個交易日開盤就買進的前提下，年化報酬率是 16.26％（見圖 4-2），股價淨值比是 5.51（見圖 4-3）。

　　我們不得不承認，隨著市場參與者逐漸成熟，上市公司的整體估值勢必會降低（見第 146 頁圖 4-4）。在 2011 年之前，中國巨石的最低股價淨值比是 3，這已經算是低估，但是 2011 年之後，最低股價淨值比一度跌到 1.65。

　　2021 年年初的股價淨值比是 3.67，相較於過去 10 年的平均股價淨值比 2.73（見第 146 頁圖 4-5），已經算是高估。除非是稀缺資源的好公司，比如貴州茅台，否則很難再回到 2012 年～2014 年的估值。

✚ 在低估區買進，穩穩賺取獲利

　　如果你在 2021 年年初的高估區買進中國巨石並長期持有，最後多半會跑輸指數基金。如果是在 2010 年 1 月 4 日買進，當時的股價淨值比是 5.5，歷史平均股價淨值比是 5，股價正好處於合理區間。2010 年～

圖4-2。 中國巨石 10 年報酬率

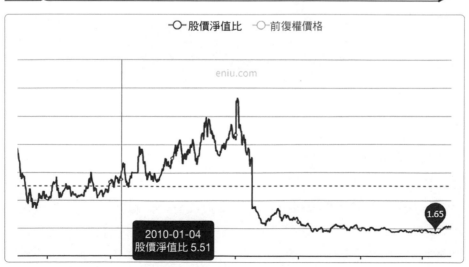

計算公式

計算：投資報酬率 ∨

投資報酬率計算器

初始投資金額： 1　　　　　元
投資年限： 10　　　　　年
實現本金加報酬： 4.51　　　　　元

計算

計算結果

你的年平均報酬率為 16.26 ％

圖4-3。 中國巨石股價淨值比走勢（2010 年～2011 年）

━〇━ 股價淨值比　━〇━ 前復權價格

eniu.com

2010-01-04
股價淨值比 5.51

1.65

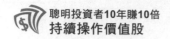
圖4-4 中國巨石股價淨值比走勢（2000年1月～2020年11月）

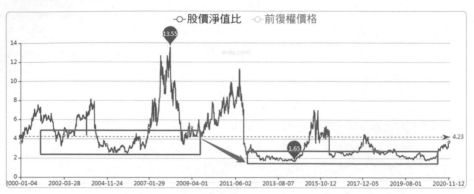

圖4-5 中國巨石10年股價淨值比走勢（2011年～2020年）

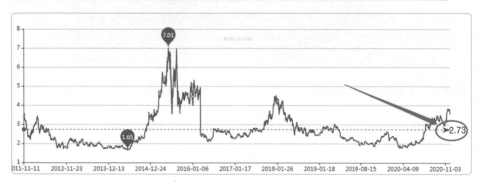

2020 年，滬深 300 指數基金的年化報酬率約為 12％，如前文所述，同期中國巨石的年化報酬率是 16.26％，只跑贏滬深 300 指數基金 4.26 個百分點。

　　過去這 10 年，國際經濟環境等各方面都非常好，我們無法確定在接下來的 10 年中，中國巨石的股價能不能繼續保持成長。因此，如果選擇在合理的股價淨值比區間買進，未來 10 年跑贏滬深 300 指數基金

圖4-6　中國巨石股價淨值比走勢（2000年1月～2020年11月）

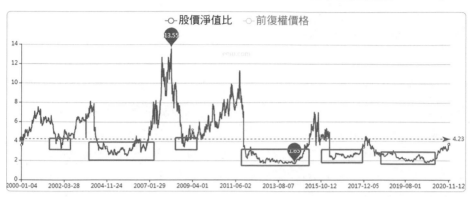

的機率並不大，反而很可能會跑輸。

　　如果稍微改變買進價值股的條件，選擇在低估區（見圖4-6）進場，情況就會完全不一樣。可以看到，中國巨石自從上市以來，共出現 6 次低估。以 2011 年開始的低估區為例，若在 2012 年年初買進，持有到 2020 年底，總報酬率是 553.94％，持有時間以 9 年計，可獲得 23.18％的年化報酬率，算是相當高。

　　再進一步分析，還會發現：在 2012 年年初買進，並持有中國巨石兩年半以後，總報酬率是 0.43％，等於沒賺錢，這時候你若忍不住，不相信市場遲早會重新發現價值，而全部賣出，最後就賺不到後面 9 年的高報酬。

　　同樣的道理，如果你在 2016 年～2018 年和 2019 年～2020 年的低估區間買進，並長期持有，最後分別可以獲得 24％、47％左右的年化報酬率。

　　所以，選擇買進的位置非常重要。對大部分價值股來說，若選擇在合理的估值區間買進，並長期持有，報酬率能與廣基型指數基金持平就很不容易了；若選擇在高估區間買進，並長期持有，報酬率很可能會跑

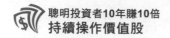
輸廣基型指數基金。

看到股價大打折，你要開心

大部分人炒股時，都傾向於買熱點概念股，這些股票長期投資的價值幾乎是 0，因此虧錢是必然的結果。買了這種股票後，想要逃頂賣在最高點，實在是難上加難。

看完這一節的內容，我想你大致能了解，一直在股市虧錢，不是因為自己本事不夠，而是因為選擇做一件太難的事情。

巴菲特一直說：「價值投資其實不難，難在堅持常識不動搖。」大多數人一直在期待奇蹟，結果一輩子就這麼過去了。如果你堅持價格會圍繞價值波動的常識，就不會買沒有業績的公司，和價格漲翻天的垃圾股。

在日常生活中，人們對一種商品的價值會有大致概念，如果價格太貴，就不會購買。比如說，去菜市場時，若一把青菜原本 2 元，現在要價 100 元，你肯定知道這太貴了。此時，若菜販告訴你一個消息：「吃了這種青菜會長生不老」，你一定不會相信，更不會為了這個謊言而買這把青菜。

在股市中，天天都發生類似的事情，而且有些人信以為真，相信所謂的「消息」而買進股票，最後導致虧錢。對價值投資者來說，當好公司的股價跌得很厲害，就像去超市看到想買的商品有打折，應該感到很開心，而不是痛苦。

在我的微信公眾號上，有很多粉絲已經很厲害，遇到大盤大跌，發現自己看中的好公司股價大跌，會非常興奮地買進。這些人原本一直賺不到錢，即使因為聽消息、做短線投機而僥倖獲利，最後都會還給市場，因為這些錢本來就不屬於他們。現在，他們的認知能力有所提升，因此都可以賺到錢。

十 點 來 解 答

大海：

　　我持有的一檔價值股，就是在股價淨值比創新低時（0.79）開始建倉，每次回檔都加倉，目前的報酬率是 20％，而且平時都不用看盤，感謝老師指點。

十點：

　　這個方法特別適合重資產（注：主要是指固定資產集中、資本密集的商業模式，例如：機械、鋼鐵等行業）的公司。很多人總是追逐熱點，今天追晶片、明天追 5G，然而這些公司很多都是徒有概念。人們往往忽略那些被市場遺忘，但是能真正賺錢的冷門公司，它們才是好的投資標的，因為安全邊際極高，股價的下跌空間有限、上漲空間無限。你只需要賺最安全的那個波段，讓長期投資的風險極低，實現複利成長的機率更高。

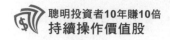

4-3

為了把握入手價值股的機會，你需要抓準2個時期

該如何把握買進價值股的機會，才能賺更多呢？前文提及，如果你確定了想買的價值股，無論在什麼時候買進，時間拉長來看都會賺錢。決定這個大方向之後，我們在這一節繼續探討價值股的買進機會，我認為主要是以下兩個時期。

➕ 一、每次正常修正的時期

以中國平安為例來說明。價值投資圈有一句經典名言：「假如你以年為單位來做投資決策，就已經超過 90％的人。」因此，我用年線分析中國平安 2007 年～2019 年的操作策略（見圖 4-7）。

每一次正常修正的陰線，都是買進機會嗎？假如你在當年的最後一個交易日買進中國平安，持有到第二年年末，結果幾乎都會賺錢。唯一的例外是在 2015 年的年末買進，持有到 2016 年年末，會虧損 0.07％，幾乎等於沒有虧損。但如果繼續持有到 2017 年，就會賺得盆滿缽滿，全年漲幅高達 120％。

圖4-7　中國平安年線圖（2007～2019 年）

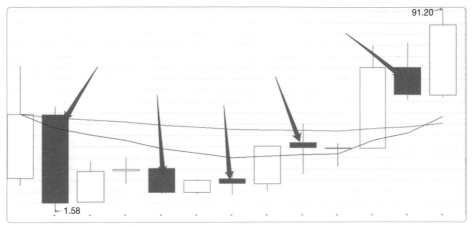

✚二、受外部因素影響，業績整體下滑時

外部因素是指不受公司治理能力控制的事件，或者是大熊市、股災、全球疫情（例如新冠疫情）。公司本身的商業模式和競爭格局沒有發生根本的變化，只是外部環境改變。

舉例來說，中國平安在 2008 年的大跌，完全是受到整體大熊市的影響，其實公司本身依然發展得很好。因此，這種買進機會簡直像是撿錢一樣。

如果在 2008 年年末買進中國平安，2009 年一年就能賺到 279％。2015 年股災之後，雖然中國平安在 2016 年沒上漲，但如果持有到 2017年，可以賺到 120％（換句話說，若在當年的修正期買進，隔年沒有大漲，就繼續持有）。其實，任何人都抓得到這種機會，問題在於有沒有買進的勇氣，你如果有，就能賺到超額報酬。

所以，現在你要做的是找到自己能理解的價值股，所謂的「理解」，意思是無論市場怎麼變化，你都能克服恐懼，看好後市、大舉買進。這

種機會每幾年就會出現一次，你要等待這種機會出現，毫不猶豫地買進價值股，然後長期持有、賺取收益，期間不用投入任何精力去盯盤，可以好好工作和生活。

4-4

看到股價暴漲就手癢？
當別人瘋狂時，你更要冷靜布局

　　很多散戶平時生活很節儉，買股票卻是買漲不買跌，只買貴的，這就是他們虧錢的根本原因。我一直建議大家不要追買暴漲的個股，而是要買還沒漲起來的價值股，但是很多人不理解，買進價值股後，抱了幾天發現不漲，就斷言這是爛股。

　　唯有在一檔股票下跌時，依然看好並在低位果斷加倉，才能證明你真正理解這家公司是好或不好。在暴漲的時候冒著風險買進，是刀口舔血，最終只會傷害自己的本金。

　　不論做人、做事或做股票，都要選擇確定性高、高機率會成功的事情。經常去賭不確定的低機率事件，結局必然會很慘。**想在投資中實現高確定性，要做到兩個步驟。**

　　第一步是選擇好公司，如果選對了，即便買貴，結局也不會太差，只是賺多賺少的問題。再以中國平安為例，即便你在 2007 年大牛市的最高點買進，持有到 2020 年也會賺錢，報酬率約為 40％，13 年間的年化報酬率是 2.62％，跟定期存款差不多。

　　這樣的報酬率是少了一點，但比很多投資股票十多年，辛苦地短進短出還虧錢的人強上許多。更何況，買在最高點的機率其實很低，一般

都是買在半山腰，那麼 13 年的獲利基本上可以達到 100％，年化報酬率應該會超過 5％，高於銀行理財產品的收益。

第二步是選擇好價格。什麼時候會有好價格呢？一個是在大熊市，例如：2008 年、2015 年、2018 年，在這些年當中的任何時刻買進中國平安，持有到 2020 年，收益都會非常可觀。另一個是公司業績受到外部影響而短期大跌時，例如 2020 年新冠疫情期間。

買股票一定要買在價格便宜的時候，當別人瘋狂，你更要冷靜。如果真的遇到牛市，勢必會出現好公司普遍上漲的局面。當市場剛上漲幾天，很多好公司都還沒啟動，我們應該買這些公司的股票，而不是追買短期漲幅太大的股票。萬一結果是階段性行情，這些暴漲的股票怎麼漲上去，就會怎麼跌下來，讓你沒賺到漲幅，下跌時反而全部賠回去，最後虧大錢。

✛大盤暴漲時的最佳布局策略

很多散戶炒股多年，每一次都追漲進場，卻沒有幾次能獲利出場，帳戶總是處於虧損狀態。如果給他們重新選擇的機會，很可能寧可不踏進股市，因為不用耗那麼多精力，也不至於虧那麼多錢。

在大盤暴漲下，如果害怕踏空而追漲殺跌，看似抓住每個機會，其實往往什麼也沒抓住，還會虧掉很多血汗錢。所以，不要怕踏空，要踏踏實實買進還沒起漲的價值股，才是最佳的布局策略。價值股往往價位不高，即使大盤跌下來，你也不會虧損太多。

如果實在選不出適合買進的公司，也不用焦慮，儘管安心地定期定額投資指數基金，不用管大盤漲多少，更不要羨慕別人一天一個漲停板，因為他們虧錢時不會跟你說。保持固定的節奏按月定期定額投資，長期來看，極有可能獲得 7％～10％的報酬率。

按照這個報酬率計算，一般工薪階層花 10 年左右積累起來的本金，

圖4-8　基金定期定額報酬計算

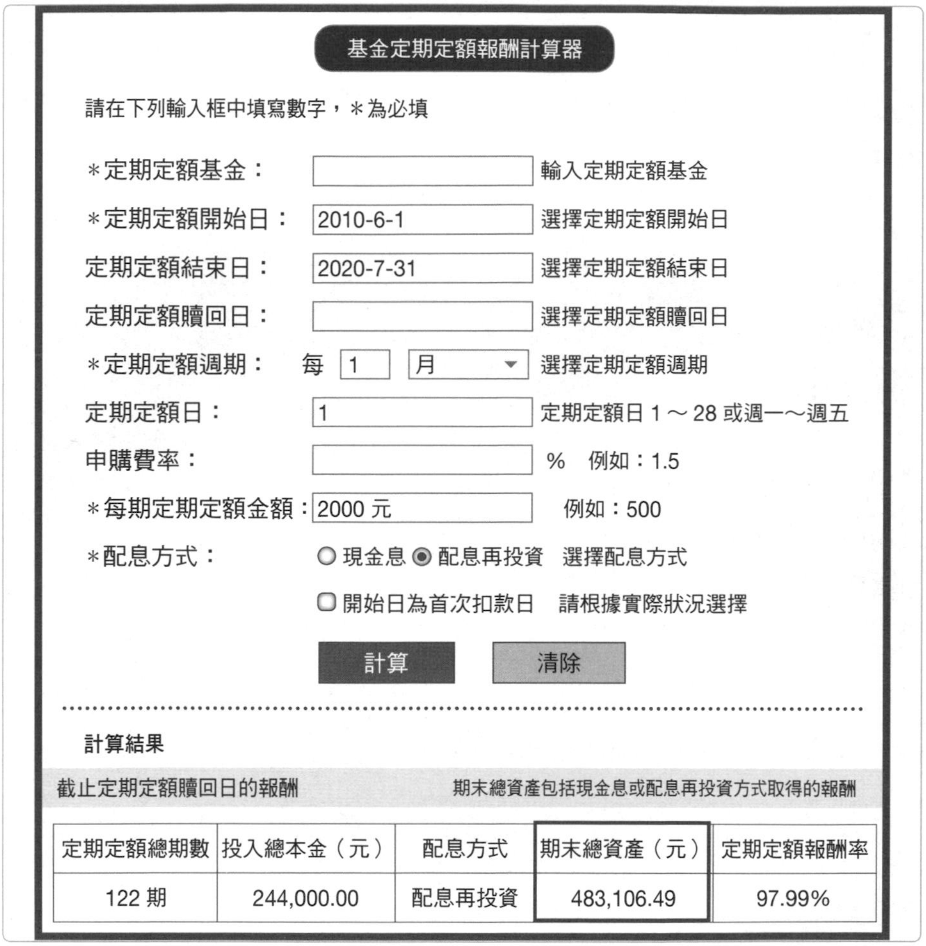

基金定期定額報酬計算器

請在下列輸入框中填寫數字，＊為必填

＊定期定額基金：　|　　　　　　　|　輸入定期定額基金

＊定期定額開始日：　| 2010-6-1 |　選擇定期定額開始日

定期定額結束日：　| 2020-7-31 |　選擇定期定額結束日

定期定額贖回日：　|　　　　　　　|　選擇定期定額贖回日

＊定期定額週期：　每 | 1 | | 月 ▼ |　選擇定期定額週期

定期定額日：　| 1 |　定期定額日 1 ～ 28 或週一～週五

申購費率：　|　　　　　　　| ％　例如：1.5

＊每期定期定額金額：| 2000 元 |　例如：500

＊配息方式：　　○ 現金息 ◉ 配息再投資　選擇配息方式
　　　　　　　　□ 開始日為首次扣款日　請根據實際狀況選擇

[計算]　　[清除]

計算結果

截止定期定額贖回日的報酬　　　　期末總資產包括現金息或配息再投資方式取得的報酬

定期定額總期數	投入總本金（元）	配息方式	期末總資產（元）	定期定額報酬率
122 期	244,000.00	配息再投資	483,106.49	97.99%

每年可以帶來數萬元收益。以滬深 300 指數基金的歷史資料做回測，假設你每個月存下 2,000 元做定期定額，10 年之後總報酬率約為 100％，年化報酬率約 7％，總資產大約是 50 萬元（見圖 4-8）。（請注意，2010 年和 2020 年的大盤都在 3,000 點左右，可見這 10 年並不是股市最好的 10 年。）

　　如果以這 50 萬元為本金，不再投入資金，以每年 7% 的報酬率計算，一年收益約為 3.5 萬元，等於每個月 3,000 元。這就是複利的力量，只要改變炒股的方式，便能大大改善財務狀況。如果你一如既往地炒短線，10 年後，很可能仍舊虧錢，而且精力浪費在股市裡，工作和家庭都顧不上，真是得不償失。

十 點 來 解 答

殼兒：

　　請教老師一個問題，您說要長期持有指數基金，但如果短期內漲到一個滿足心理預期的收益，應該要停利入袋為安，還是繼續長期持有呢？

十點：

　　賣不賣出，要看市場是否高估，而不是看是否達到你的預期收益。

4-5

藉由股價淨值比，判斷一檔股票被市場高估或是低估

　　前文提到可以用股價淨值比，判斷一家公司的股價是高估或低估。雖然這個方法不能精準判斷，但是八九不離十，而且很容易，值得大家花時間學習。

　　股價淨值比就是「股價與每股淨值的比率」，具體的判斷規則是：如果這家公司當前的股價淨值比低於歷史平均水準，可以判斷股價處於低估狀態。相反地，如果股價淨值比高於歷史平均水準，可以判斷股價處於高估狀態。以下用 3 個案例進一步說明。

+萬科 A 走勢穩定，適合長期投資

　　萬科 A 的歷史股價淨值比，如圖 4-9（見第 158 頁）所示。從 1997 年開始，萬科 A 的股價淨值比大多在歷史平均水準之下，因此萬科 A 很少出現暴漲暴跌，值得長期投資。

　　但是在大牛市，萬科 A 曾出現暴漲，例如：從 1996 年 3 月的 3.2 元，漲到 1997 年 6 月的 24.23 元，對應的股價淨值比從低於當時歷史平均水準（3.5）的 2.1，上漲到 5.02，如圖 4-10（見第 158 頁）所示。

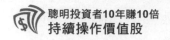
圖4-9 萬科Ａ歷史股價淨值比（1997年1月～2020年9月）

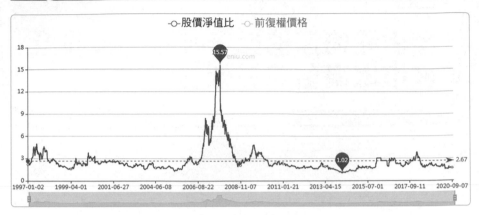

圖4-10 萬科Ａ歷史股價淨值比（1997年1月～1997年7月）

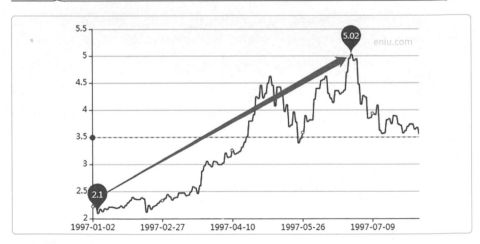

　　股價在15個月內上漲將近7倍（見圖4-11），是明顯的過度暴漲，公司業績再好也無法支撐這樣的溢價，可想見後市一定會暴跌。果不其然，在接下來的3個月暴跌50％（見圖4-12），之後一年多繼續下跌將近70％。這告訴我們：好公司也需要一個好價格，否則跌起來一樣

圖4-11 萬科Ａ日線圖（1996年3月～ 1997年6月）

圖4-12 萬科Ａ日線圖（1997年6月～ 1998年6月）

六親不認。

　　2006 年和 2007 年也曾出現暴漲，股價淨值比一度上升到 2007 年
10 月的 15.57（見第 160 頁圖 4-13）。

　　2008 年也曾出現暴跌，2007 年的股價淨值比已是當時歷史平均水

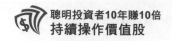
圖4-13 萬科A股價淨值比上升到15.57

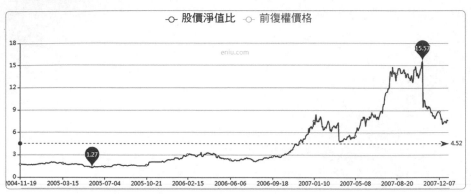

準（4.52）的 3.5 倍左右，比 1997 年更高估，隨後的暴跌也更凶（見第 161 頁圖 4-14）。從 2007 年 11 月到 2008 年 9 月底，萬科 A 在不到一年之內下跌 75％，可說是哀鴻遍野。

之後的股價走勢比較理性，股價淨值比持續在歷史平均水準附近波動，在這種情況下可以長期持有。然而，像是 1997 年和 2007 年這兩次的暴漲，投資者要多加關注，果斷進行減倉或清倉，以避免後續 60％～70％的跌幅，對於長期投資者來說，這樣做可以大幅增加收益與降低風險。

其實，股價淨值比最大的用處是選擇買點。萬科 A 歷史上的幾個低估階段，分別出現在 2005 年、2012 年～2014 年（見圖 4-15）。如果在這兩個低估區買進，報酬率會是如何？

若在 2005 年的低估區買進，隨後兩年的報酬率高達 1,000％，差不多是 10 倍的回報。若在 2012 年～2014 年的低估區買進，接下來兩年的報酬率高達 200％，差不多是兩倍的回報，如圖 4-16（見第 162 頁）所示。

圖4-14 萬科Ａ股價在2007年後的暴跌走勢

圖4-15 萬科Ａ歷史上的低估階段

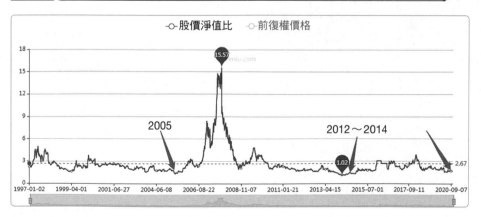

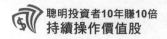
圖4-16 在2005年及2012年~2014年買進萬科A

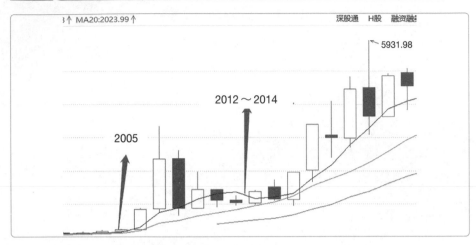

圖4-17 貴州茅台股價淨值比（2002年1月~2020年9月）

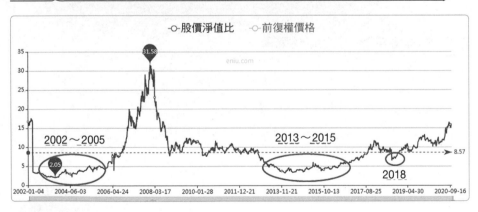

✛買進貴州茅台，得看準時機

貴州茅台的歷史股價淨值比，如圖 4-17 所示。歷史上明顯的低估區有 2002 年~2005 年、2013 年~2015 年、2018 年。

圖4-18　貴州茅台日線圖
　　　　（2002 年～2005 年、2013 年～2015 年、2018 年）

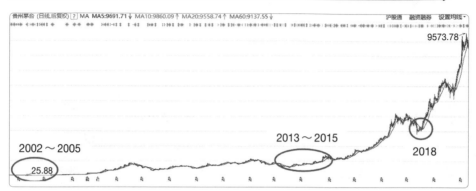

　　如果看股價日線圖（見圖 4-18），你會發現股價不怎麼便宜，尤其是 2018 年。但是，看股價淨值比的圖會很清楚，2018 年是買進貴州茅台的好時機，之後兩年的漲幅也是 200％。

✛上海機場的最佳買點是哪一年？

　　上海機場的歷史股價淨值比如圖 4-19（見第 164 頁）所示，年線圖如圖 4-20（見第 164 頁）所示。從年線圖可以看出 2001 年～2002 年和 2010～2013 年的低估區，但是很難看出 2016 年的低估區。

　　在 2016 年只下跌 7.92％，為什麼是好的買進點呢？原因很簡單，從 2010 年到 2015 年，雖然股價上漲不少，但是上海機場的業績成長仍超過股價漲幅。所以，2016 年只是修正 2015 年的部分漲幅，屬於市場的技術性回檔，從估值角度分析仍是處於低估階段，再加上 2016 年股價下跌，從股價淨值比角度分析，更明顯是低估。

　　果不其然，之後 3 年上海機場暴漲，直到 2020 年疫情爆發才開始下跌。其實，上漲到 2019 年時，上海機場的股價已明顯高估，股價淨

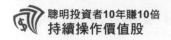

圖4-19 上海機場股價淨值比（1999年1月～2020年9月）

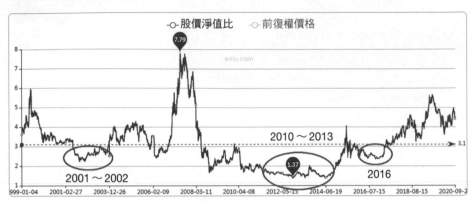

圖4-20 上海機場年線圖，2016年處於低估區

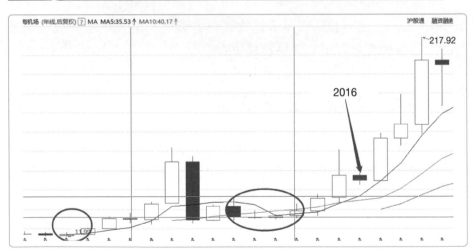

值比在2019年9月衝到5.6，遠超過歷史平均3.1。

　　以上用3個例子，說明用股價淨值比判斷股價處於高估或低估的方法。在此重申，價值投資的有效方法只包括兩個步驟。

　　第一，找出公認的好公司加入自選股。只要你能理解這家公司的商

業模式，它就是你的價值股。

　　第二，等待價值股的股價淨值比回歸到歷史平均之下，然後分批建倉，並長期持有。

十 點 來 解 答

Yammy：

　　哪些類型的股票適合用股價淨值比來估值？

十點：

　　中高資產的公司適合，低資產的公司不適合。例如：騰訊、阿里這些公司，不是靠資產而是靠科技賺錢，所以用股價淨值比判斷估值的意義不大。

>>

天氣冷了：

　　很多股票本質上是成長股，利潤多年維持上升。例如：貴州茅台在 10 年之間利潤翻了數十倍。沒有實際的利潤上升，只靠低估和價值回歸來操作，獲利空間太小，非常折磨人。

十點：

　　好公司會成長，爛公司會倒退。例如：貴州茅台就是會不斷成長的好公司，如果能選擇在低估時買進，那就更厲害了。

>>

Helen：

　　看到老師在留言回覆：股價淨值比估值法適合重資產、中高資產

的公司，不適合輕資產的公司。我想問一下，這個方法是不是不適用於景氣循環股？

十點：

景氣循環股適合這個方法。

>>

網友張某某：

以前老是聽朋友說股價嚴重高估，都不知道是什麼意思，現在學會您的這個方法，以後我也可以當老師了。

十點：

不能只看這個指標，要結合公司情況做綜合判斷。

4-6

好公司也要比一比！觀察利潤成長率、PBR等4個重點

這一節探討如何比較兩家好公司，用愛爾眼科和東方雨虹當作案例。這兩家公司都是高成長的價值股，在各自的行業經營得非常好，專注於主要業務，保持穩定的成長。

有時候我們無法買進所有好公司，只能選擇一家。遇到這種情況，該從哪些方面做比較呢？

第一是利潤（見表 4-2）。利潤是公司的生存根本，這兩家公司都具有高額、穩定的利潤，但是東方雨虹的利潤遠高於愛爾眼科。

第二是利潤成長率（見第 168 頁表 4-3）。利潤成長率代表公司的成長性和未來潛力，如果公司在穩定獲利的同時還高速成長，股價會飛

表4-2　愛爾眼科和東方雨虹的利潤

利潤	愛爾眼科	東方雨虹
2019 年報	13.7 億元	20.6 億元
2020 半年報	6.8 億元	10.9 億元

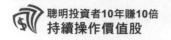

表4-3 愛爾眼科與東方雨虹的利潤成長率

	愛爾眼科	東方雨虹
2019 年報	36.70%	36.90%
2020 半年報	–2.70%	31.00%

起來。

從表 4-3 可以看出，東方雨虹的利潤在 2019 年和 2020 年上半年都保持 30% 以上的高成長率。愛爾眼科的利潤 2019 年之前，也保持類似的高成長速度，但是從 2020 年第一季和上半年來看，利潤出現大幅下降，尤其第一季下降了驚人的 73%（見圖 4-21）。

主要原因是疫情影響，屬於客觀因素。但從抗風險能力來說，愛爾眼科不如東方雨虹。

在 2020 年上半年，幾乎所有行業都受到衝擊，東方雨虹竟然毫髮無損，說明這真的是好生意，連黑天鵝都拿它沒辦法。

從歷史資料來看，愛爾眼科也是好公司，從 2014 年第一季以來，幾乎每季財報都保持 30%～40% 的成長率，直到被疫情的黑天鵝打斷。2008 年 12 月 31 日至 2020 年 12 月 31 日，愛爾眼科淨利潤的同比成長率，如圖 4-21 所示。

東方雨虹的淨利潤成長率也是非常穩定，而且是正成長（見圖 4-22），只有 2020 年第一季受到一些影響，但第二季就追上來。所以，在利潤成長率方面，東方雨虹繼續勝出。

第三是市值（見表 4-4）。在其他條件差不多的情況下，市值越小的公司越便宜。愛爾眼科的利潤沒有東方雨虹多，但市值已是東方雨虹的兩倍以上，而且成長率也沒有東方雨虹穩定。在這個方面，東方雨虹依然勝出。

第四是股價淨值比。東方雨虹的歷史平均股價淨值比是 5.4（見圖

圖4-21　愛爾眼科淨利潤的同比成長率
　　　　（2018 年 12 月 31 日～2020 年 12 月 31 日）

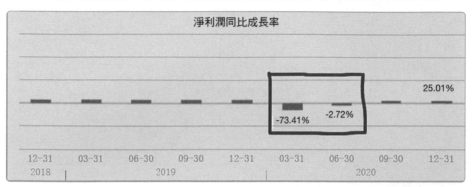

圖4-22　東方雨虹淨利潤的同比成長率
　　　　（2018 年 12 月 31 日～2021 年 9 月 30 日）

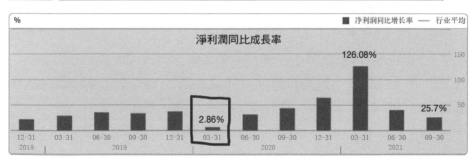

表4-4　愛爾眼科和東方雨虹的市值

	愛爾眼科	東方雨虹
市值（人民幣）	2119 億元	846 億元

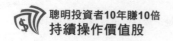

圖4-23 東方雨虹歷史股價淨值比（2013年4月～2020年9月）

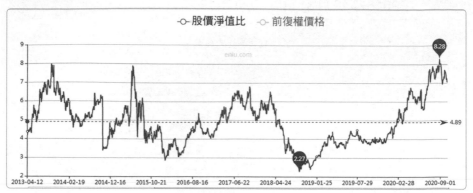

4-23），2020年9月的股價淨值比是8.28。也就是說，你花8.28元，買到1元的資產，價格顯然是貴了。

2018年年初到2019年下半年，東方雨虹的股價淨值比低於歷史平均值。尤其是2018年10月～2019年1月，股價淨值比不到3，股價肯定很便宜，如圖4-24所示。從後續股價走勢來看，當時是很好的建倉時機，在那之後的整整兩年，東方雨虹上漲365%。

再看愛爾眼科的股價淨值比（見圖4-25）。2020年9月的股價淨值比高達30，等於花30元買價值1元的資產，實在太貴了。要知道，被稱為A股最強上市公司的貴州茅台，股價淨值比的歷史最高值（2020年9月以前）也只有31。

愛爾眼科的歷史平均股價淨值比是12.4，在2015年～2020年，低於這個歷史平均水準的時期分別是：2015年8月～10月、2016年12月～2017年12月、2018年11月～2019年2月。對應的股價如圖4-26（見第172頁）黑框區域所示，這些時期都是愛爾眼科的中級別修正時期，大家有沒有發現？

圖4-24 東方雨虹的股價區間，在股價淨值比低於歷史平均值時

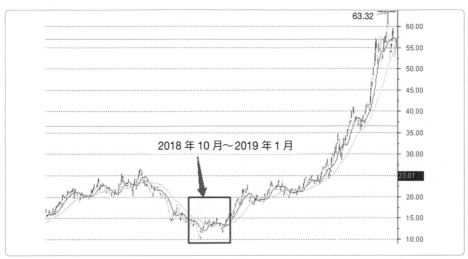

圖4-25 愛爾眼科歷史股價淨值比（2013 年 12 月～2020 年 9 月）

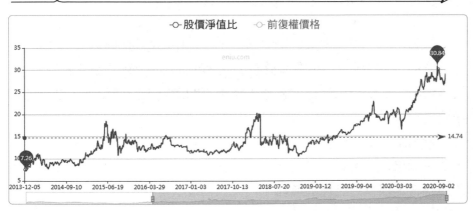

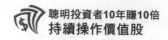
圖4-26 愛爾眼科股價淨值比低於歷史平均期間的日線圖

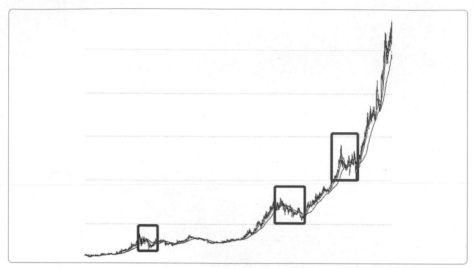

✚ 每次中級別修正，都是買進機會

有句話說：「千金難買牛回頭」，牛市中的中級別修正是千載難逢的加倉機會。把這句話用在價值股上面，就是「千金難買價值股回頭」，價值股的每次中級別修正，在基本面沒有明顯變化的情況下，都是非常好的建倉機會。

要判斷是不是建倉機會，其實只要看股價淨值比是否低於歷史平均水準。如果是，尤其是已經低很多，就可以大膽建倉或繼續買進，然後長期持有，很有可能穩定獲利。

十點來解答

DIDI：

　　利潤可以造假，像是虛增 300 億元利潤，所以財務報表毫無參考價值。

十點：

　　如果有一家公司造假，你就認為所有公司都造假，那麼你只有一條路可以選：退出股市。

>>

斌：

　　我已經人到中年，之前胡搞瞎搞，讓家裡背了很多債務，現在想走價值投資的道路，所以想問問老師，歷史股價淨值比是怎麼計算？我也想找一家好公司長期持有。

十點：

　　你這樣的情況什麼也不用學，應該老老實實買廣基型指數基金。

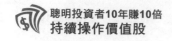
4-7
覺得價值投資賺太慢？
靠運氣攫取快錢，終究虧回去

投資其實與做生意一樣，靠運氣可以賺快錢，但結局也是靠運氣再虧回去，這樣的案例比比皆是。

很少人能在靠運氣賺到錢之後，開始踏踏實實做事情，從而保住獲利。相反地，一般人靠運氣賺到錢之後，會以為是自己靠本事賺到的，反而擴大投入，結果一個小小的意外就能使他徹底破產。

很多人希望買到牛股，幻想獲得一年數倍甚至數十倍的收益。結果呢？一、二十年下來，不但沒賺錢，很可能還虧掉本錢。

所以，請放棄靠運氣賺快錢的想法。如果學會慢下來，定期買進指數基金，根據歷史資料，長期下來，年化報酬率在 7%～10% 之間，10年下來會獲利翻倍。

✚慢下來，才是最快的致富之道

大部分人只看到已經漲很多的股票，對於沒有漲幅的股票視而不見，也不屑一顧。然而，我們可以反過來操作，而且這種看似比較慢的方法，其實是最快的致富之道。值得這樣反向操作的投資標的，只有以

下兩類。

一是指數基金。指數的未來就是國家的未來、人類的未來。100 年後的社會肯定會比現在好，因此指數的未來一定是上漲。短期 1～2 年內，社會經濟可能出現波動，但拉長到 10～20 年，社會經濟幾乎不可能倒退，歷史的車輪會不斷前進，所以長期定期定額投資指數基金，在未來一定會獲利。

定期定額投資指數基金的正確步驟是：第一存錢，第二做確定性高的增值。透過長期堅持，財富會在不知不覺中積累起來，而且過程中幾乎沒有意外，有很高的確定性。雖然看似慢了點，但是拉長一、二十年來看，收益會超越 90% 以上的投資者。

二是價值股。價值股的公司 10 年內不會倒閉，因此選擇價值股，等於選擇未來。這種對「自己選的價值股未來一定上漲」的信念非常強烈，甚至像宗教信仰一般。這樣的信念源自對一家公司及其商業模式的理解，所以不論風浪多大，都能相信這艘船不會沉沒。擁有這樣堅定的信念，才能在價值股下跌時有勇氣買進，否則很容易陷入恐慌，並跟風賣出。

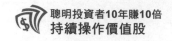

4-8

拿到配息再投入，
錢滾錢讓你每年穩定獲利達30%

在這一節，我們計算價值投資獲得回報的過程。

首先，隨意找一家好公司，例如偉星新材，圖4-27是除權息後的股價年線圖。

2010年上市後，這家公司每年都穩定配息，而且比例不低，一般都在4%左右。剔除第一年上市沒有配息，假設我們在上市的第二年買進10萬元，之後的幾年可以獲利多少呢？

2011年年末的收盤價是15.55元，10萬元大約能買進6,400股，當年配息為每10股3元，可以分得1,920元。然後，我們選擇將配息再投入，1,920元大約能買進123股，總股數變成6,523股。

2012年的配息為每10股8元，6,523股可以分得5,216元現金，相當於5.2%報酬率，超越銀行理財產品的收益。（不看股價上漲的部分，因為準備長期持有，只要不賣出，股價就與我們無關。）如果繼續投入配息，按照2012年年末收盤價16.72元計算，5,216元大約能買進312股，總股數變成6,835股。

2013年的配息為每10股8元，再加上配股3股。6,835股可以分得5,468元現金和2,050股，相當於5.44%報酬率，超越銀行理財產品的

圖4-27 偉星新材除權息後的股價年線圖

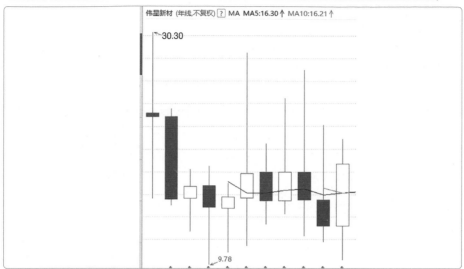

收益。如果繼續投入配息，按照 2013 年年末收盤價 14.82 元計算，5,648
元能買進 369 股，總股數累計達到 9,254 股。

　　以後每年都照這種方法操作，根據偉星新材的配息政策，到 2020
年年底，我們的總持股數將達到 51,000 股。

　　按 2020 年底收盤價 15.97 元計算，我們的持倉市值為 814,470 元，
也就是說，無論股價漲跌，投資 9 年後獲得約 700％的總回報。往年每
股平均配息 0.5～0.8 元，取中間值 0.65 元／股計算，以後每年的配息
收益大約為 33,150 元（0.65×51,000）。按照 10 萬元本金計算，年報酬
率高達 33％。

╋不期待股價飛漲，希望跌得越多越好

　　大家有沒有發現，如果把當年的配息再投入，就不會期待股價漲飛

天，而是會希望它跌得越低越好，這樣才能買進更多股數，在明年得到更多配息。

你關心的不再是股價有沒有漲，而是今年配息多少、有沒有配股，這就是真正的價值投資。如果你透過努力工作賺到更多現金，然後持續買進偉星新材，9 年後，你可以獲得更多的配息收入。

找一檔你能理解的價值股，用這種思維和方式操作，距離財務自由的目標就會越來越近。

> **4-9**
>
> # 用 2 個指標估算合理賣出價，爽賺股市波段價差

　　價值投資用到的知識都是常識，沒有高深的技術，其核心是「價格永遠圍繞價值波動」，不像技術分析派的波浪理論、布林線、KDJ 那樣複雜。巴菲特和蒙格都說過，只要願意學，人人都能學會價值投資，你不需要很聰明，只要能堅持常識不動搖。

　　這一節要討論，如何用「價格圍繞價值波動」這個常識，解決價值股賣出的問題。

　　價值股的長期價值是往上走，但是價格會像山路一樣，呈「S」形向上波動延伸（見第 180 頁圖 4-28）。如果你想從市場波動賺到錢，就要解決買點和賣點的問題。

　　買點比較好解決，當市場特別低迷，股價淨值比跌到歷史低位附近時，股價一般都是低估，逢低買進即可。至於賣點，由於價值股長期來看都是越漲越高，真正的好公司只須長期持有，無須考慮賣出。

　　許多人都想高賣低買，那其實是不可能的任務，往往會做成高買低賣，使成本越來越高。然而，自律性較高、操作果斷的人，還是能同時賺取價值股公司的獲利，以及市場波動的價差。

　　芒叔在 10 年中做到 50 倍收益，年化報酬率達 40％，其中 25 個百

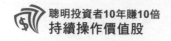
圖4-28 價值股的股價呈「S」形向上波動延伸

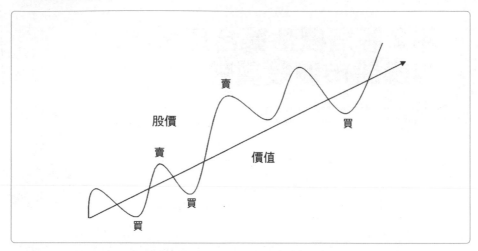

分點來自市場波動，15 個百分點來自企業自身。可見，如果有能力賺取市場波動的價差，就能大幅增加報酬率，尤其 A 股是以散戶為主的市場，波動比較大，所以這部分的獲利相當豐厚。

╋賺取從低估值漲到合理估值的利潤

如果你能賺取市場波動的價差，即賺取價值股從低估值漲到合理估值之間的獲利，就能實現低風險、高報酬。（放棄從合理估值到產生泡沫之間的這段漲幅，以遠離高風險）。

按照「價格圍繞價值波動」的常識，價值股在市場估值進入合理區間時，就可以賣出。合理估值的判斷依據是股價淨值比上升到歷史平均水準附近。

接下來，以萬科 A 為例進行說明。圖 4-29 是萬科 A 在 2005 年～2020 年的股價日線圖，可以看出波動幅度很大，股價多次從低估到合

圖4-29　萬科Ａ日線圖（2005～2020年）

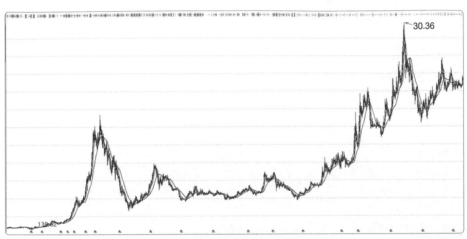

圖4-30　萬科Ａ股價淨值比（2001年2月～2020年10月）

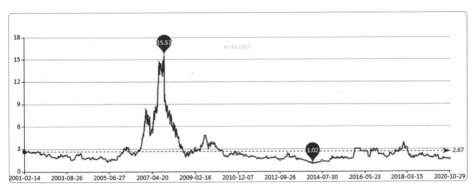

　　理，從合理到高估，再從高估到合理，最後又回到低估。

　　圖 4-30 是同一時期萬科 A 的股價淨值比波動圖，清楚反映出股價變化，讓我們一眼看出高估、低估的時間點。

　　什麼時候可以買進呢？萬科 A 在 1998 年～2010 年的歷史最低股價

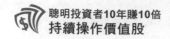
圖4-31，萬科A股價淨值比（1998年5月～2010年12月）

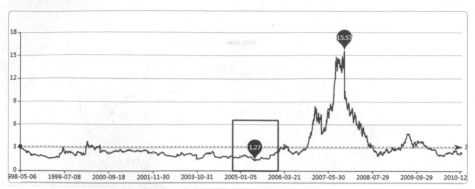

圖4-32，2013年12月底，萬科A股價淨值比接近1.27

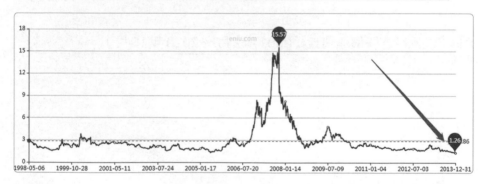

淨值比是1.27（見圖4-31）。在2013年12月底，股價淨值比接近這個
歷史低點附近（見圖4-32），市場已經明顯低估。此時萬科A的股價
走勢，如圖4-33所示。若選擇在2013年12月底買進，股價往下的空
間有限，往上的空間非常大，至少有翻倍的獲利空間。

後來事實證明，這個判斷相當可靠。假如你在2013年12月底買進，
市場繼續下跌3個月，跌了13.39%（見圖4-34），直到2014年2月底，
創出新低後反彈（見第184頁圖4-35）。隨後，在11個月內，萬科上

圖4-33 股價淨值比接近 1.27 時，萬科 A 的股價走勢

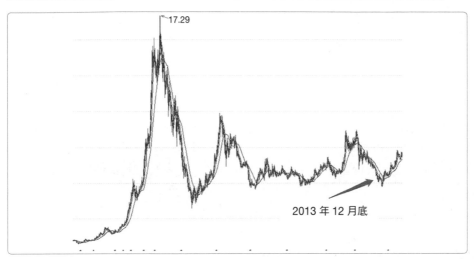

17.29

2013 年 12 月底

圖4-34 萬科 A 區間漲跌幅（2013年12月31日～2014年2月28日）

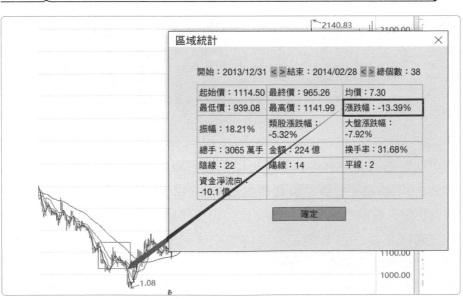

2140.83　2100.00

區域統計		×

開始：2013/12/31 <＞結束：2014/02/28 <＞總個數：38

起始價：1114.50	最終價：965.26	均價：7.30
最低價：939.08	最高價：1141.99	漲跌幅：-13.39%
振幅：18.21%	類股漲跌幅：-5.32%	大盤漲跌幅：-7.92%
總手：3065 萬手	金額：224 億	換手率：31.68%
陰線：22	陽線：14	平線：2
資金淨流向：-10.1 億		

確定

1100.00

1000.00

1.08

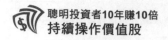
圖4-35 2013年12月底買進萬科Ａ，之後創新低再反彈

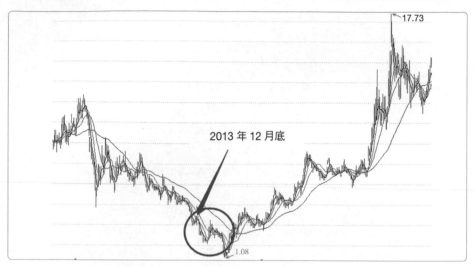

圖4-36 萬科Ａ每股淨值統計（2009年～2020年）

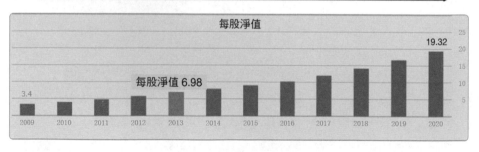

漲110％。這幾乎完全符合我們的預期往下空間有限，往上空間翻倍。

　　那麼，什麼時候該賣出呢？可以根據每股淨值計算出合理賣出價。

　　萬科Ａ在2013年的每股淨值是6.98元（見圖4-36），當時的歷史平均股價淨值比是2.9（見圖4-37），因此合理賣出價是：每股淨值 × 歷史平均股價淨值比 =6.98×2.9 ≈ 20.2元。換句話說，當股價漲到20

圖4-37　萬科Ａ股價淨值比走勢（1997 年 1 月～2013 年 12 月）

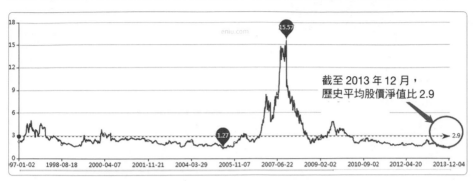

元左右，就可以賣出。

　　2016 年年中，在除權息後漲到 20 元左右的兩個點時，是否應該賣出？我們至少要參考 2015 年年末的每股淨值和歷史平均股價淨值比，否則肯定會太早賣出。

　　如圖 4-38、圖 4-39（見第 186 頁）所示，2015 年年末的每股淨值和歷史平均股價淨值比，分別是 9.08 元和 2.75，合理賣出價應該是：9.08×2.75=24.97 元，也就是股價到 25 元左右再賣也不遲。因此，我們要繼續持有，直到 2016 年 8 月股價漲到 25 元左右，可以考慮賣出（見第 187 頁圖 4-40）。

　　從 2013 年 12 月持有到 2016 年 8 月，總共兩年 8 個月，萬科 A 的股價從 7.79 元漲到 24.93 元，漲幅高達 217.18%（見第 187 頁圖 4-41）。在這段時間，持有萬科 A 的理由充分且清晰，完全不用焦慮，只要會加減乘除就能算出合理賣出價，不用理會市場波動。

　　在之後一年多的時間裡，萬科 A 又上漲 70%，但那是從合理估值漲到高估值的過程，也就是泡沫階段，具有高風險，因此我們不參與。

　　2018 年 1 月，萬科 A 股價創出 42 元新高，然後一路下跌兩年多，每股淨值已上升到 16～17 元，但是股價下跌 40%，市場出現低估的窪

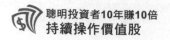
圖4-38 萬科A每股淨值統計（2009～2020年）

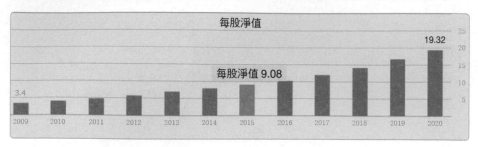

圖4-39 萬科A股價淨值比（1997年1月～2015年12月）

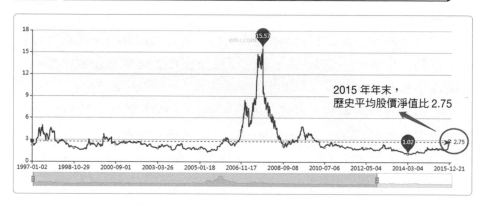

地。2020年3月，由於疫情全面爆發，萬科A的股價淨值比跌破1.5，是絕對的低估區，因此我們可以開始建倉。當時的股價在20.5元上下，真的很便宜。

之後半年，股價一直在30元附近波動，最高漲到33.6元附近。從20.5元漲到33.6元，實際上花不到一個月，漲幅已接近50%，若沒有計算合理賣出價，我們肯定早就賣出了。

疫情這種黑天鵝事件是價值投資者的大好機會，驗證了巴菲特那句

圖4-40。萬科Ａ在2016年8月前後的股價走勢

2016 年 8 月，股價到達 25 元附近

29.00

6.52

圖4-41。萬科Ａ漲幅統計（2013年12月31日～2016年8月31日）

萬科 A　區域統計　　　　　　　　✕

起始時間	2013-12-31 ▼	週期數 524	個
終止時間	2016-08-31 ▼	交易日 975	天
前收盤價	7.86	陽線 268	個
開盤價	7.79	陰線 241	個
最高價	27.68	平線 15	個
最低價	6.52	上漲 263	個
收盤價	24.93	下跌 251	個
成交量	920136160	平盤 10	個
成交額	12597 億	漲停 11	個
加權均價	13.690	跌停 3	個
區間漲幅	17.07（217.18%）		
區間振幅	21.16（324.54%）		
最大上漲	324.54%	階段排行	
最大回檔	-31.48%	類股排行	
累計換手	948.63%	形態匹配	
平均換手	1.81%		
☐ 保留區間顯示線		關閉	

話:「別人恐懼時,我們要貪婪。」

　　還有一點要說明:一旦價值股漲起來,安全邊際就變小,繼續上漲的機率和空間也變小,這時候不值得繼續追高。

　　大家可以用這一節介紹的方法,找尋屬於自己的低估值股,若沒有找到,就抱著現金等待機會出現吧!

NOTE   /   /   /

國家圖書館出版品預行編目 (CIP) 資料

聰明投資者10年賺10倍持續操作價值股：100張圖表解析巴菲特、
蒙格的「可口可樂選股法」，讓你穩穩賺50年的快樂生活／十點著
--初版.--新北市：大樂文化有限公司，2023.09
192面；17×23公分.--（Money；048）

ISBN：978-626-7148-76-1（平裝）
1.股票投資　2.投資技術　3.投資分析
563.53　　　　　　　　　　　　　　　　　112011732

Money 048

聰明投資者10年賺10倍 持續操作價值股

100張圖表解析巴菲特、蒙格的「可口可樂選股法」，讓你穩穩賺50年的快樂生活

作　　者／十點
封面設計／蕭壽佳
內頁排版／蔡育涵
責任編輯／林雅庭、皮海屏
主　　編／皮海屏
發行專員／張紜蓁
發行主任／鄭羽希
財務經理／陳碧蘭
發行經理／高世權
總編輯、總經理／蔡連壽
出 版 者／大樂文化有限公司（優渥誌）
　　　　　地址：220 新北市板橋區文化路一段 268 號 18 樓 之 1
　　　　　電話：（02）2258-3656
　　　　　傳真：（02）2258-3660
　　　　　詢問購書相關資訊請洽：（02）2258-3656
　　　　　郵政劃撥帳號／50211045　戶名／大樂文化有限公司

香港發行／豐達出版發行有限公司
地址：香港柴灣永泰道70號柴灣工業城2期1805室
電話：852-2172 6513　傳真：852-2172 4355

法律顧問／第一國際法律事務所余淑杏律師
印　　刷／韋懋實業有限公司

出版日期／2023年09月14日
定　　價／320 元（缺頁或損毀的書，請寄回更換）
ＩＳＢＮ／978-626-7148-76-1